글씨왕 맵시왕

● 리라초등학교 **이향숙**

해피&북스

→

① ③ ② ⑤ ④ ⑦ ⑥ ⑨ ⑧ ⑪ ⑩ ⑬ ⑫ ⑮ ⑭ ⑰ ⑯ ⑲ ⑱ ㉑ ⑳ ㉓ ㉒ ㉕ ㉔

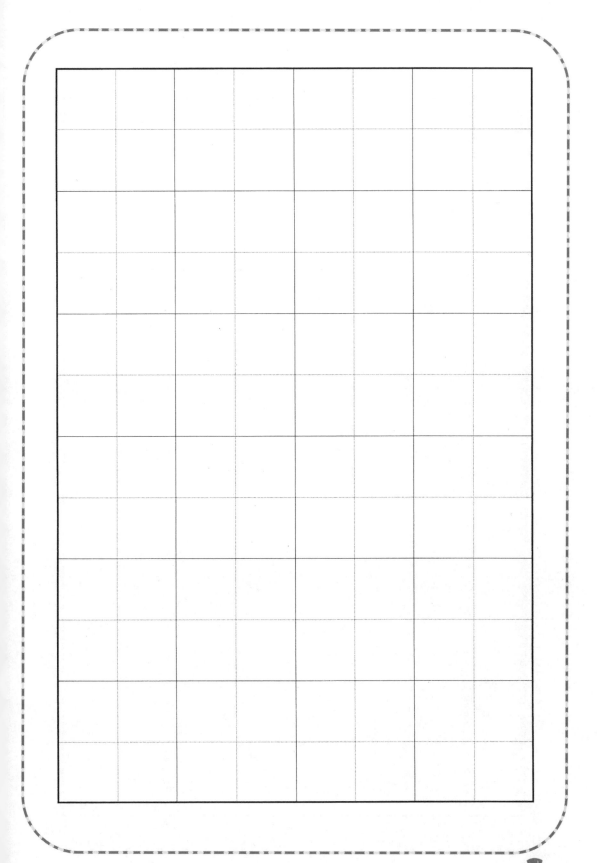

① ③ ② ⑤ ④ ⑦ ⑥ ⑨ ⑧ ⑪ ⑩ ⑬ ⑫ ⑮ ⑭ ⑰ ⑯

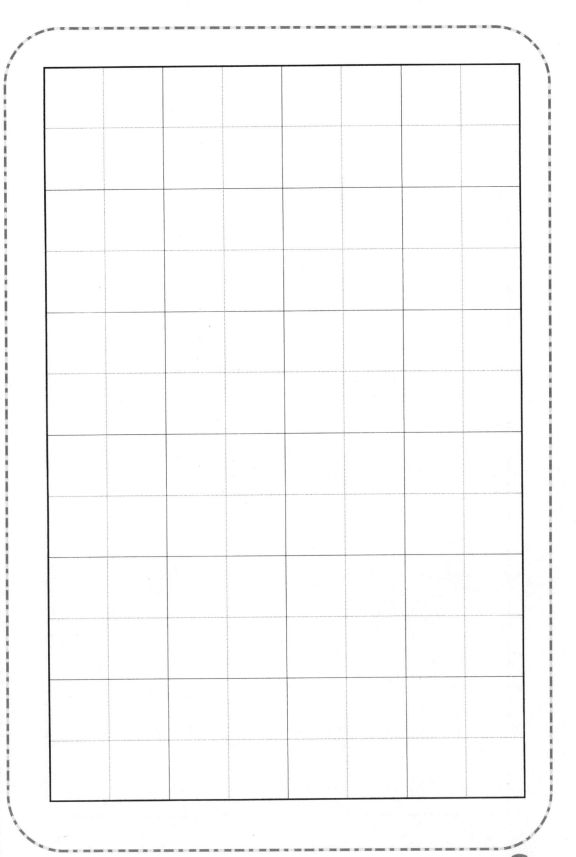

① ② ③ ④

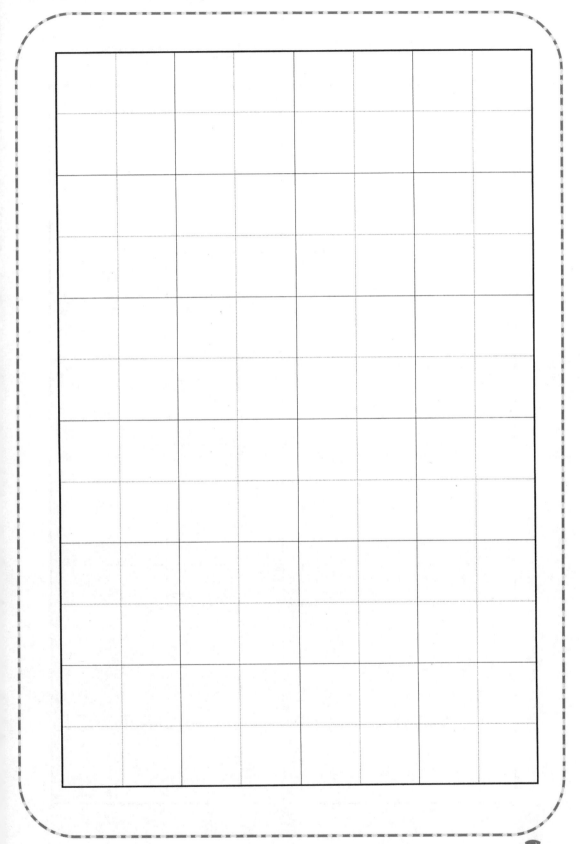

① ② ③ ④

9

① ② ③ ④

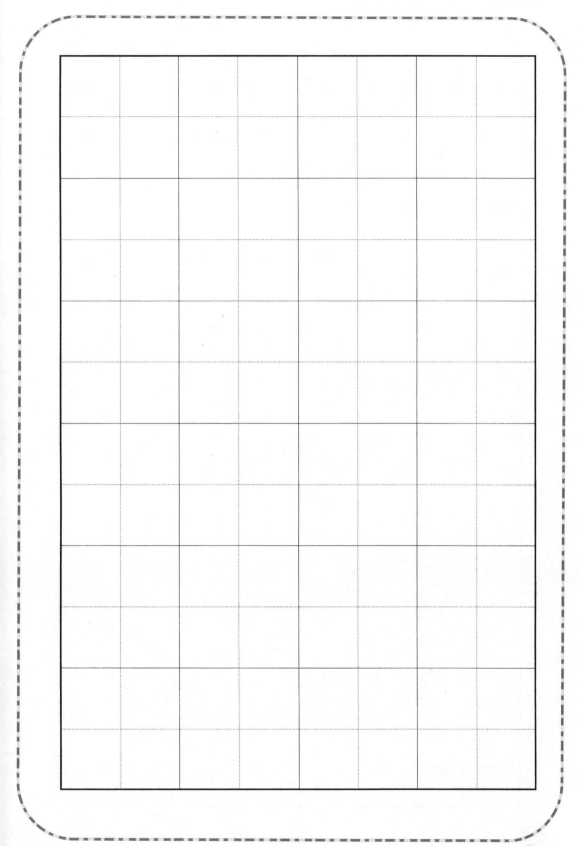

① ② ③ ④

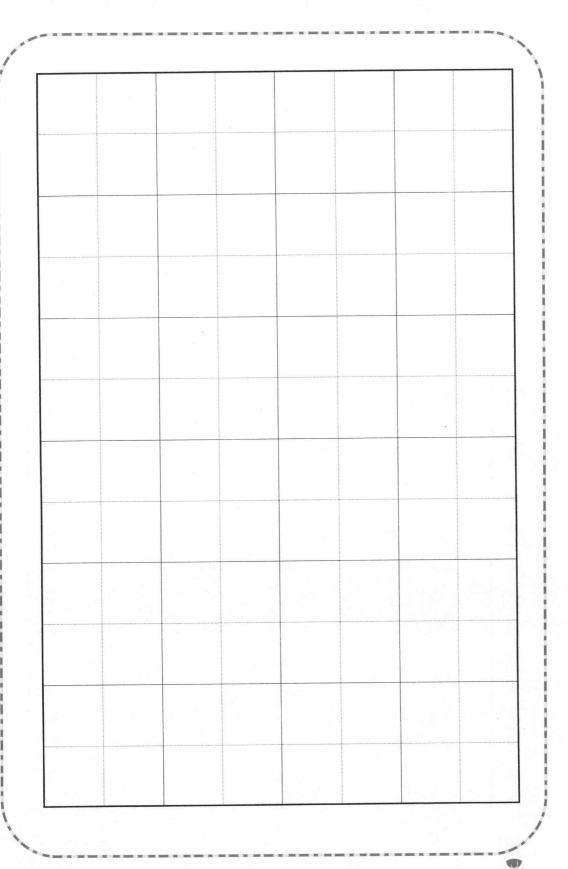

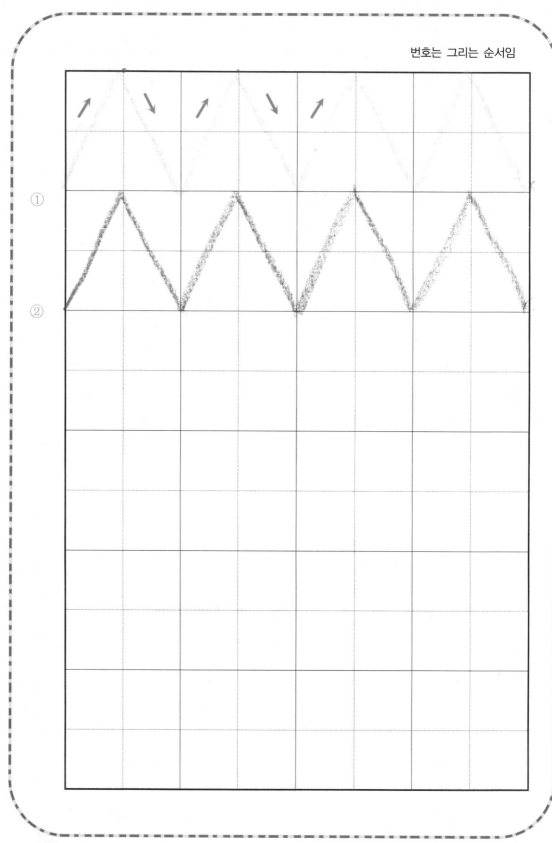

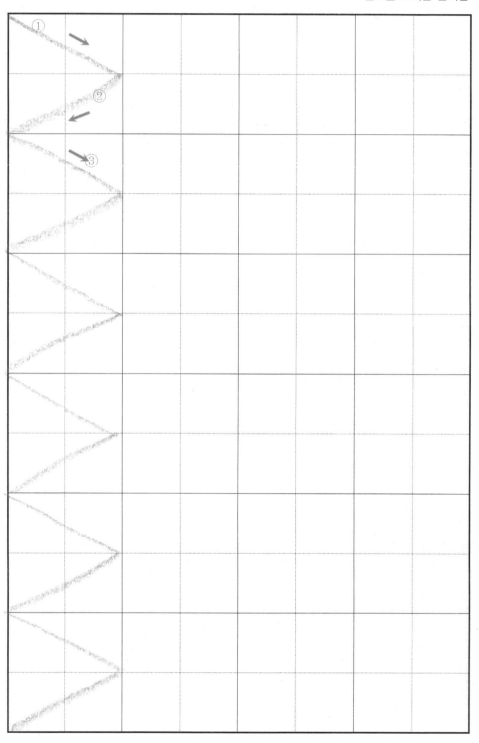

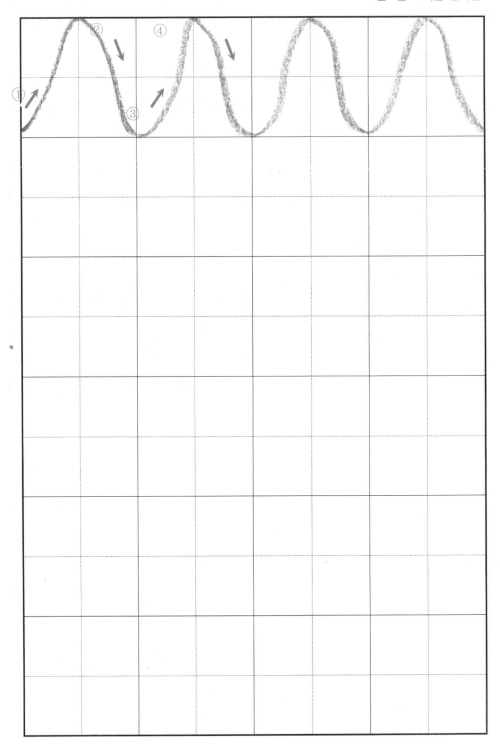

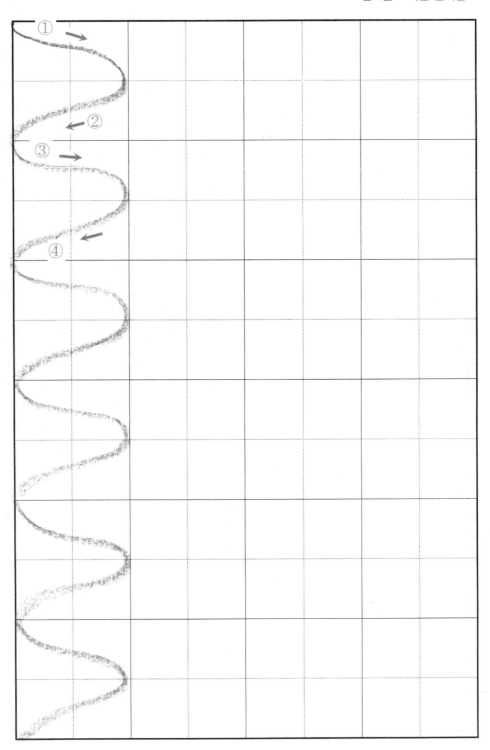

글씨왕 맵시왕

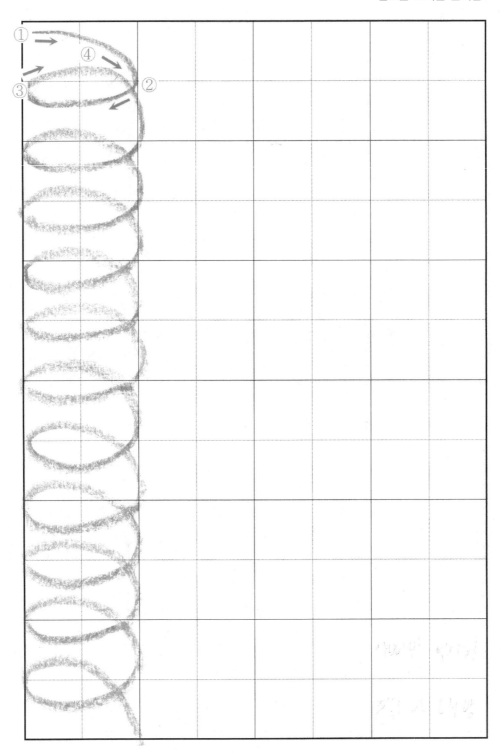

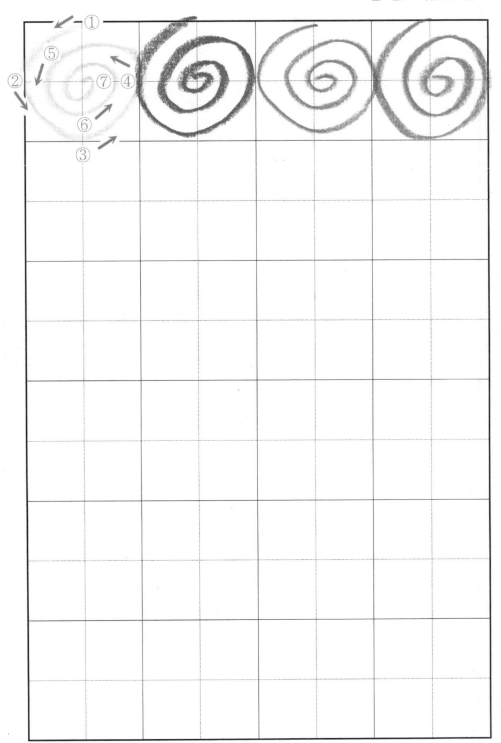

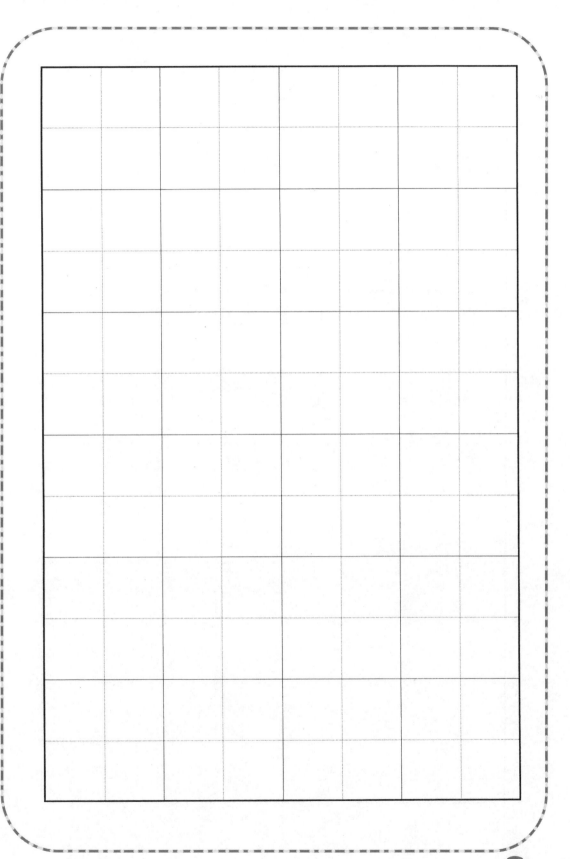

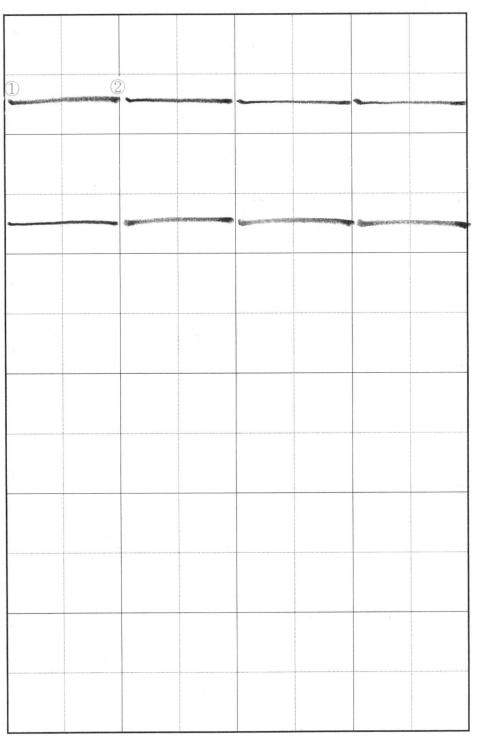

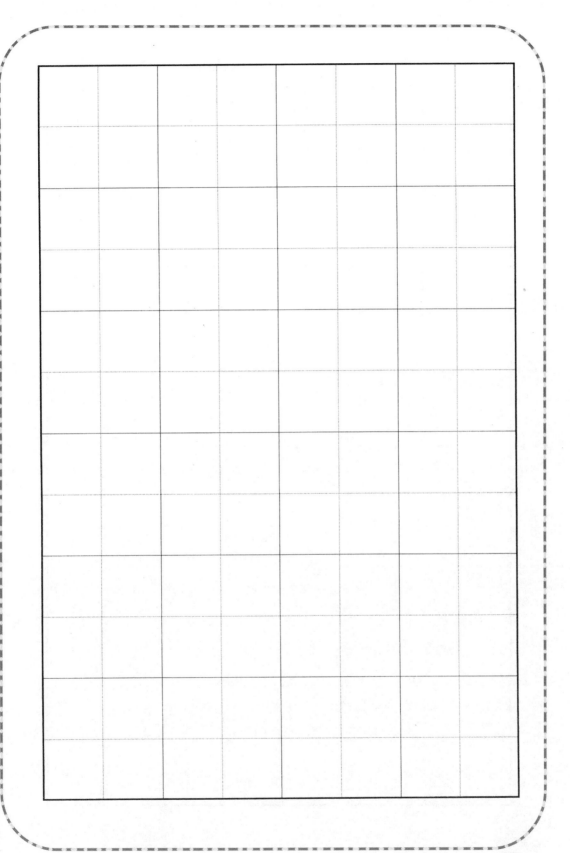

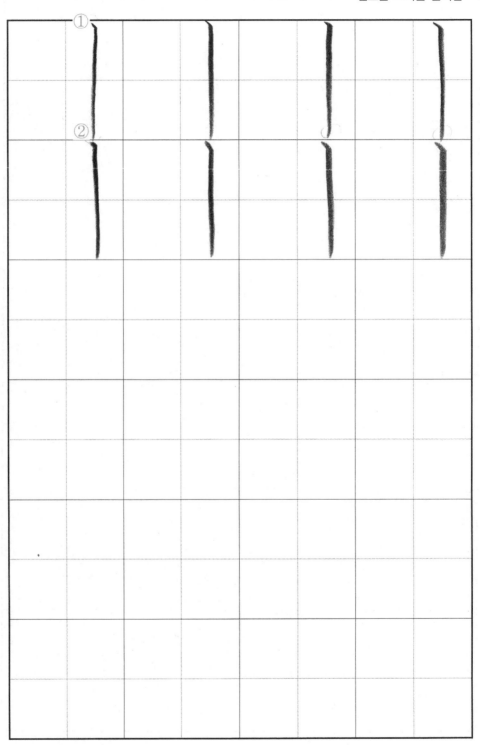

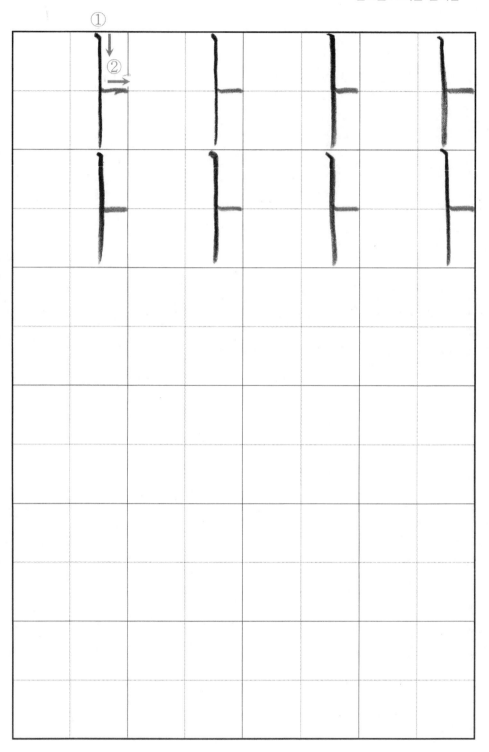

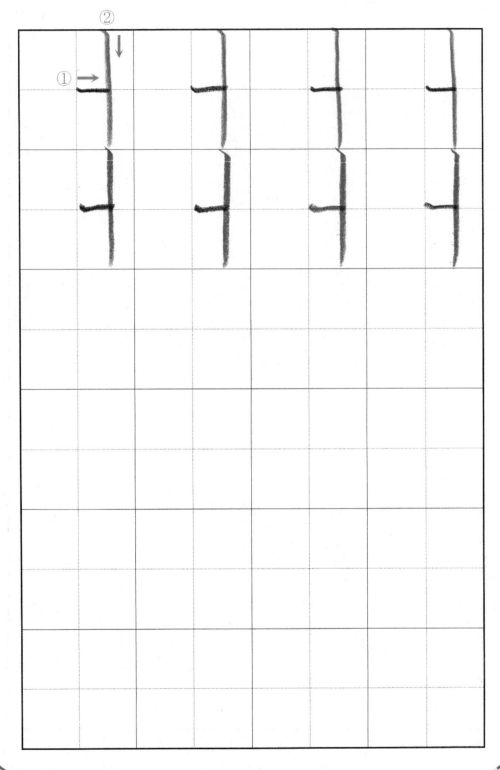

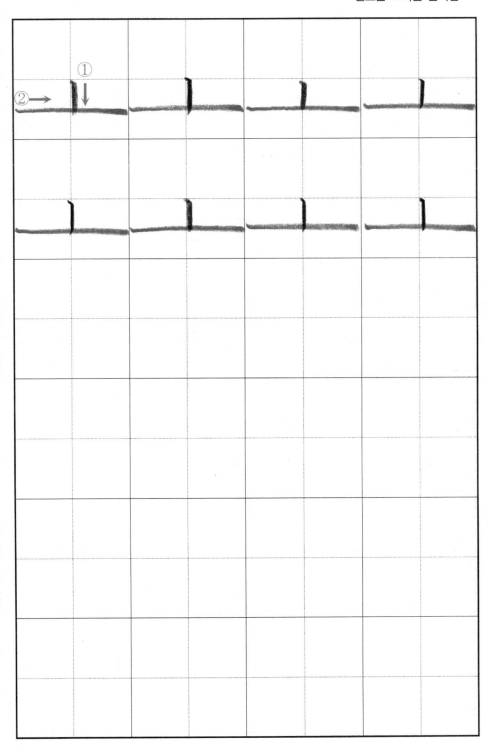

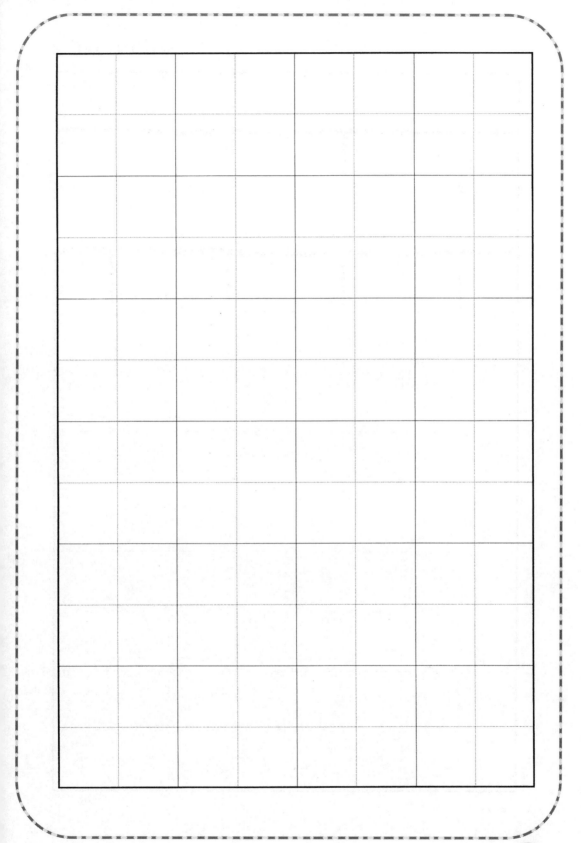

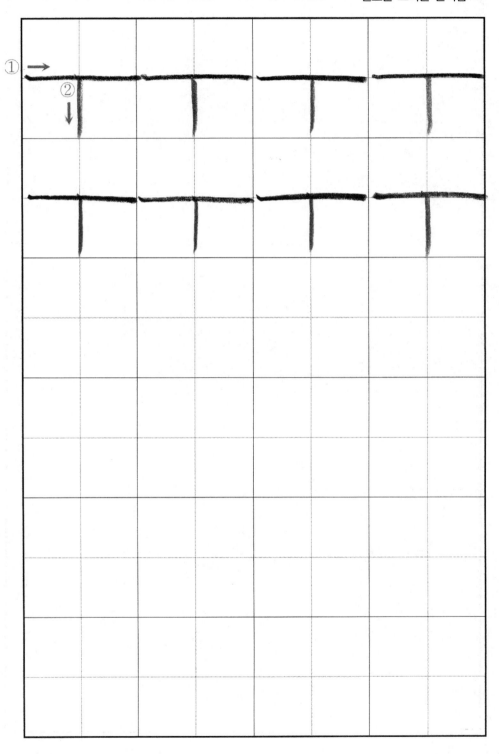

① ↓
② →
③ →

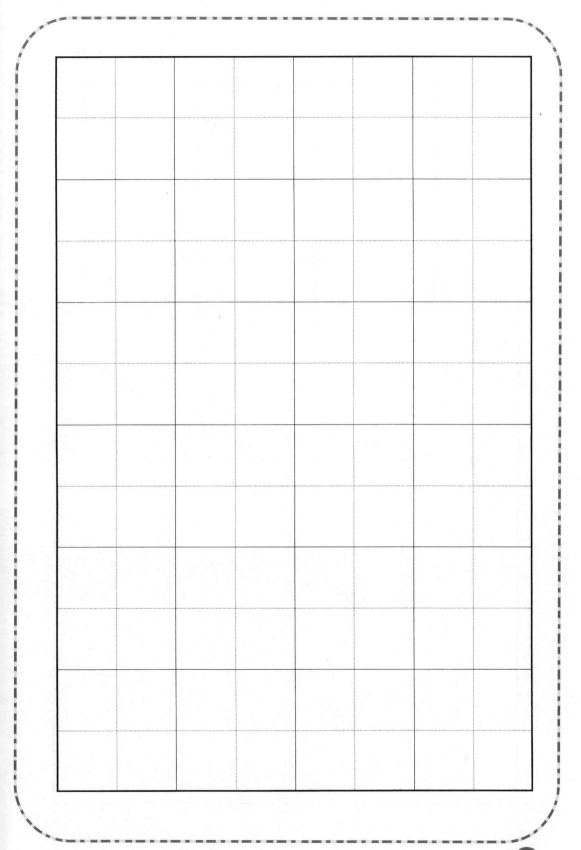

①→ ③↓
②→

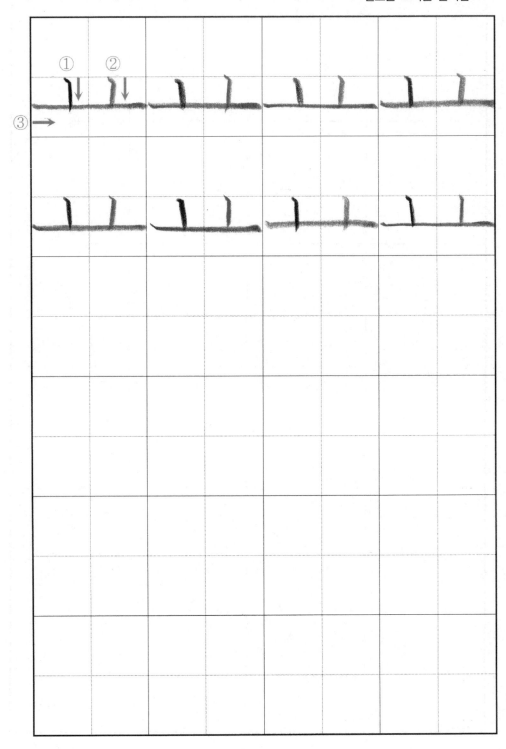

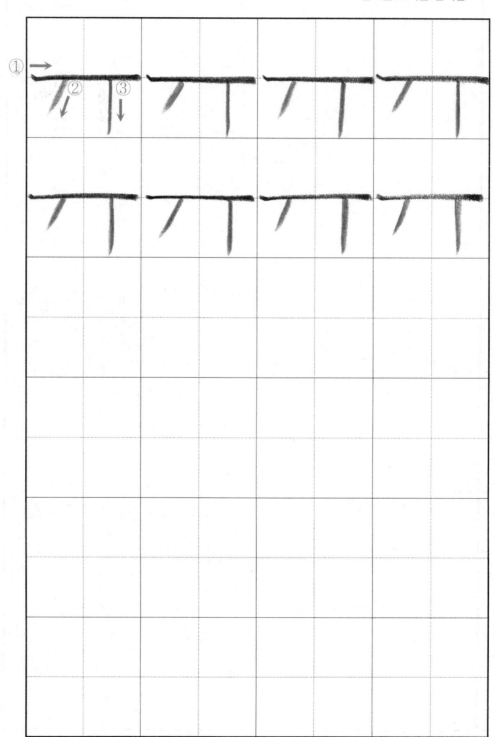

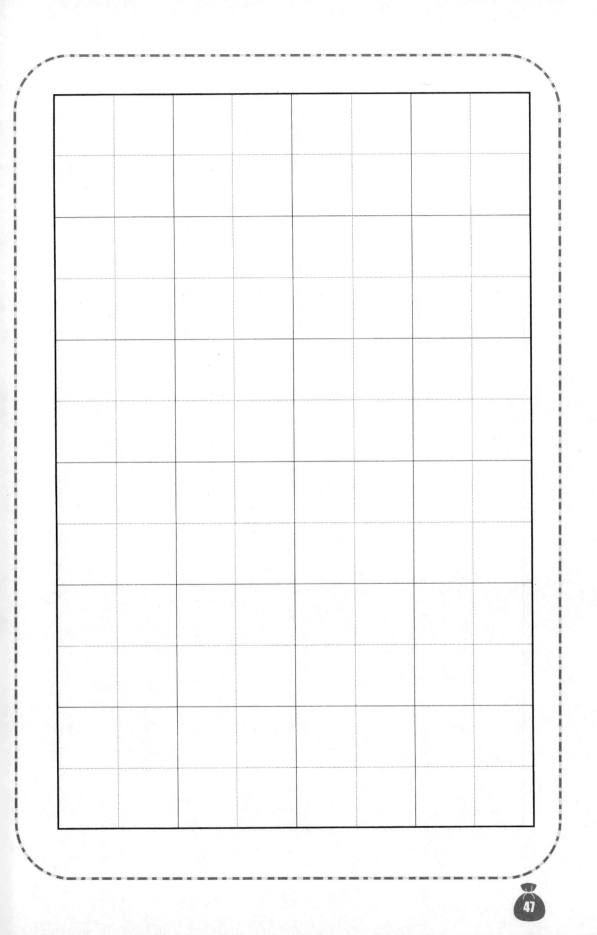

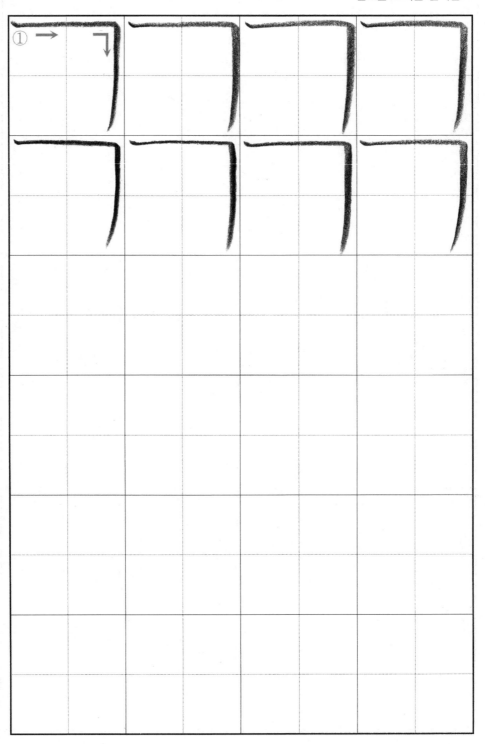

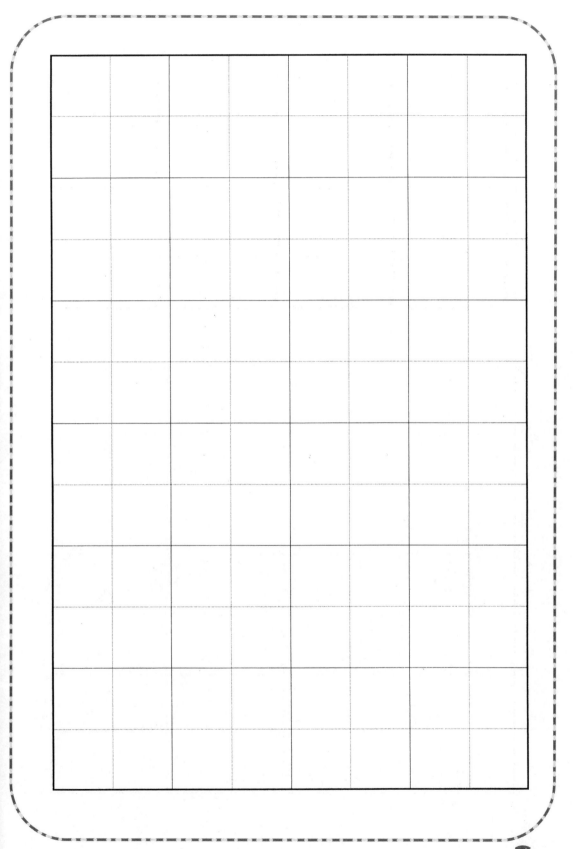

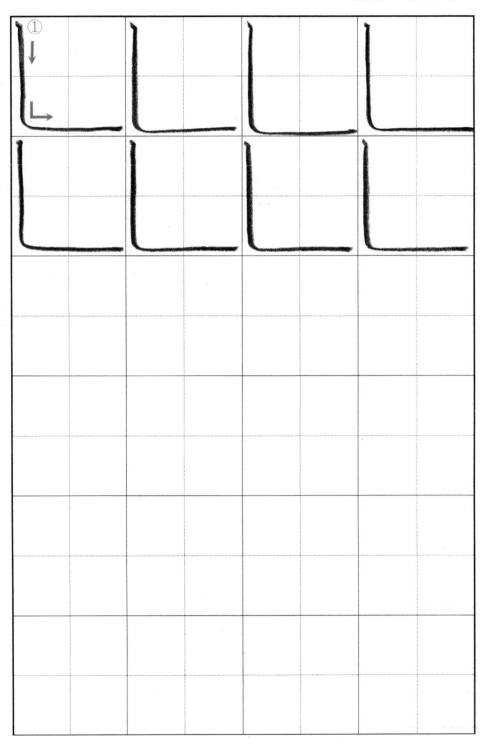

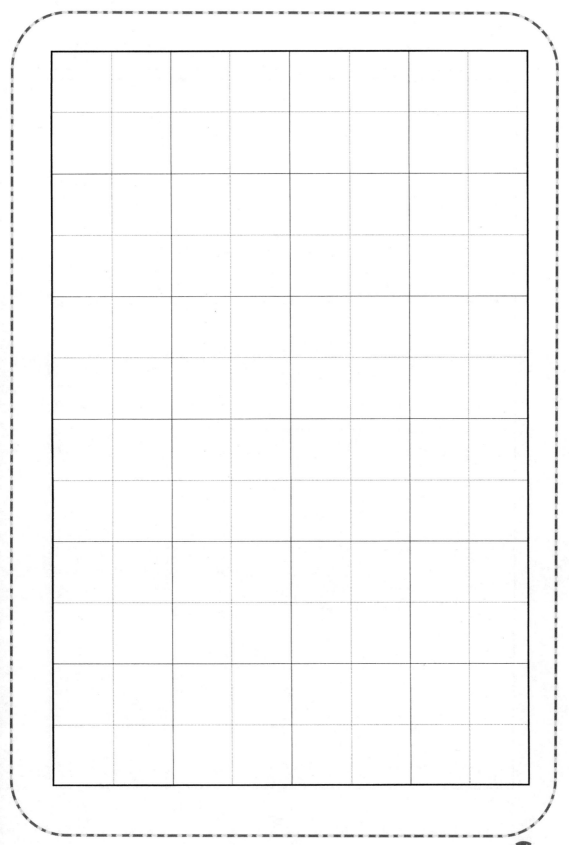

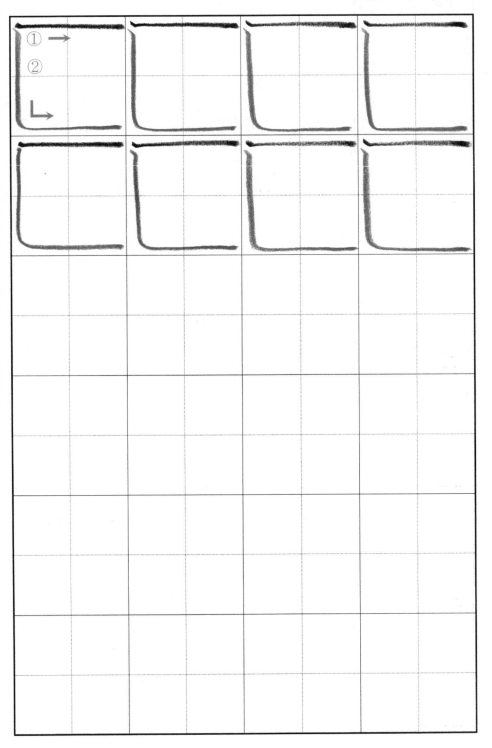

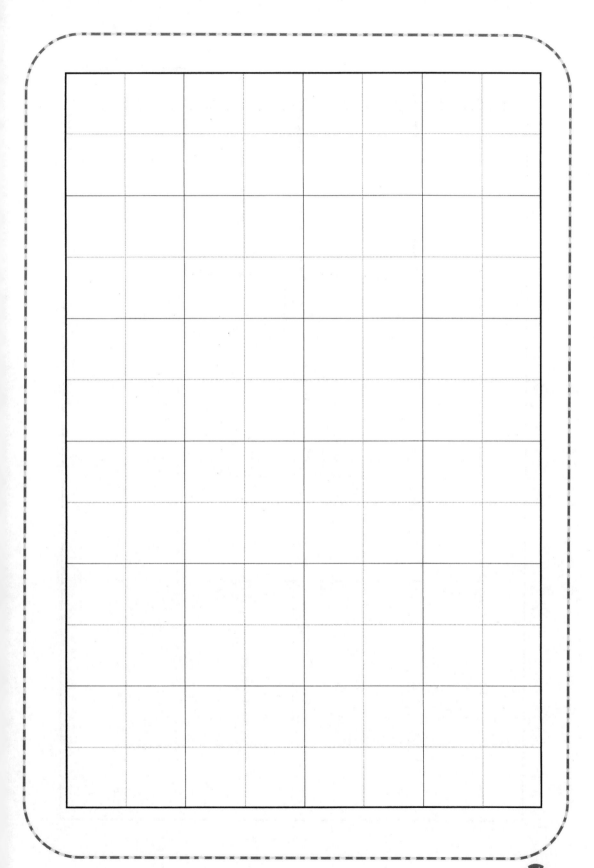

① →
② →
③

ㄹ ㄹ ㄹ ㄹ
ㄹ ㄹ ㄹ ㄹ

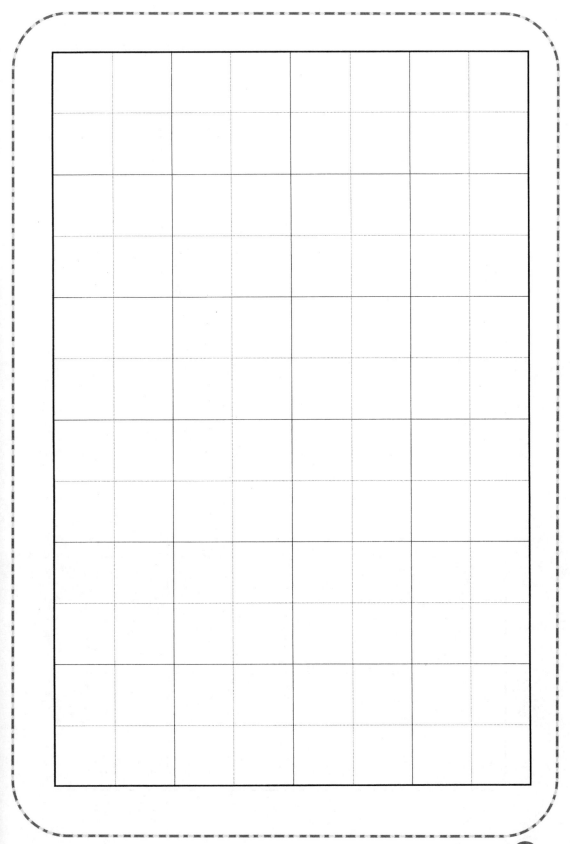

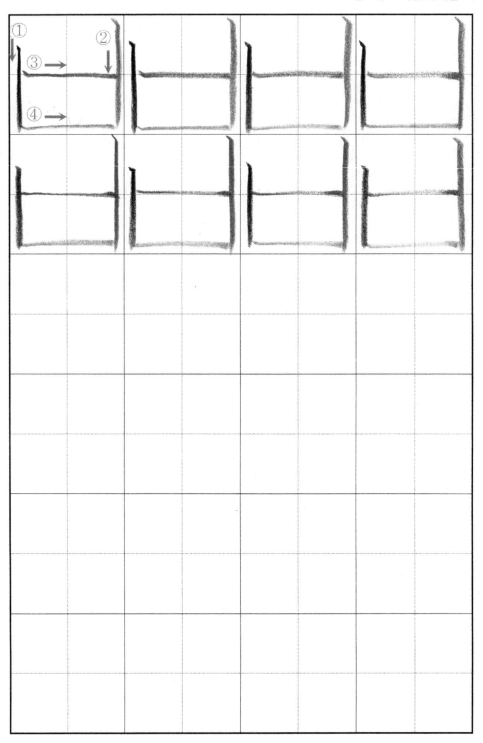

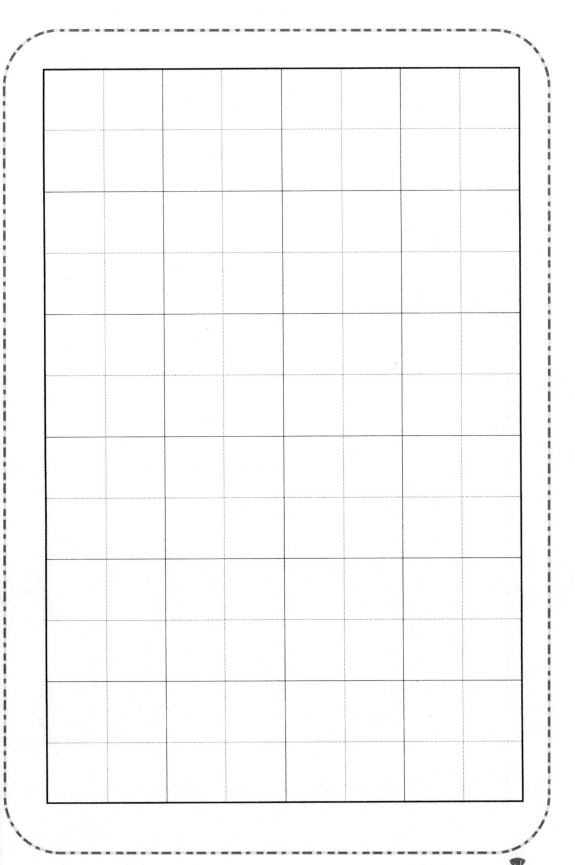

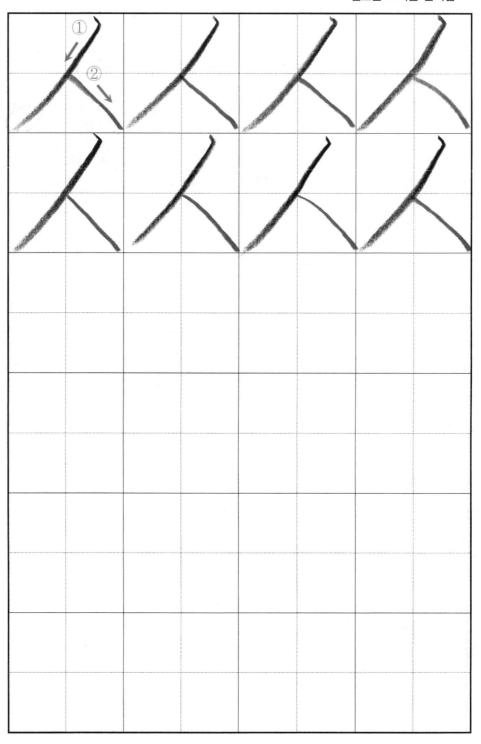

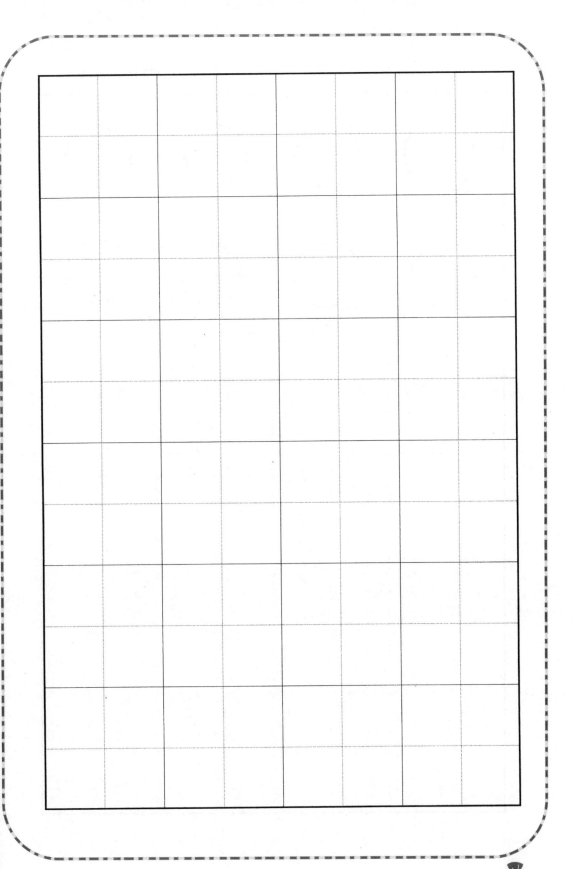

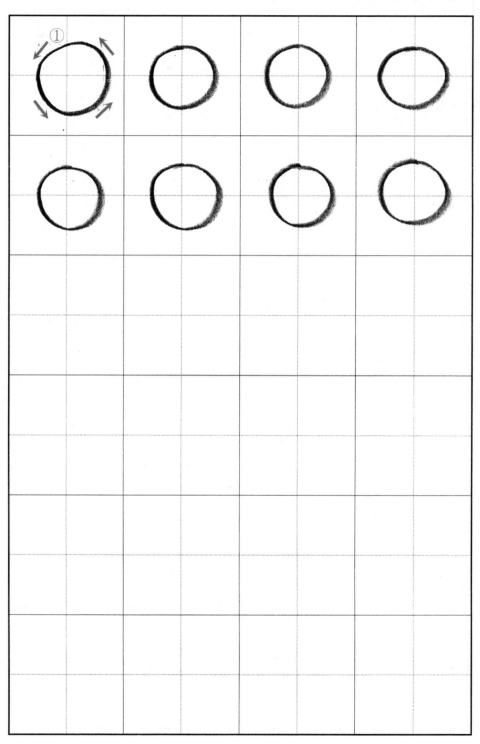

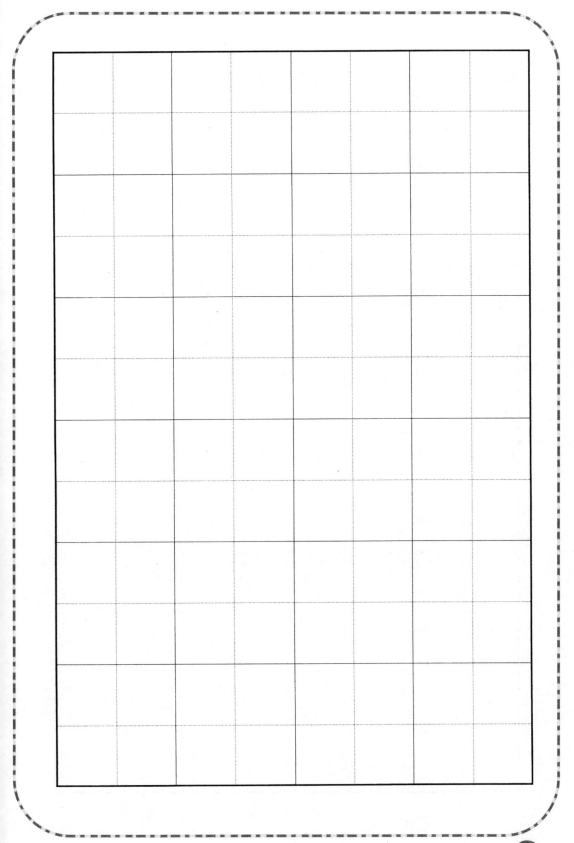

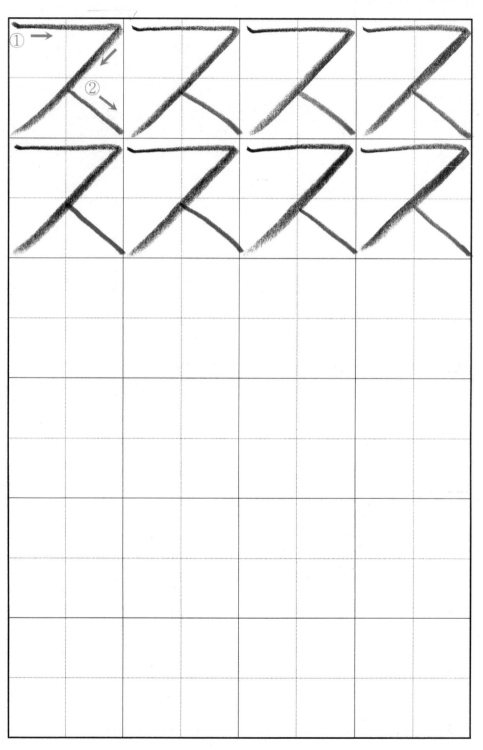

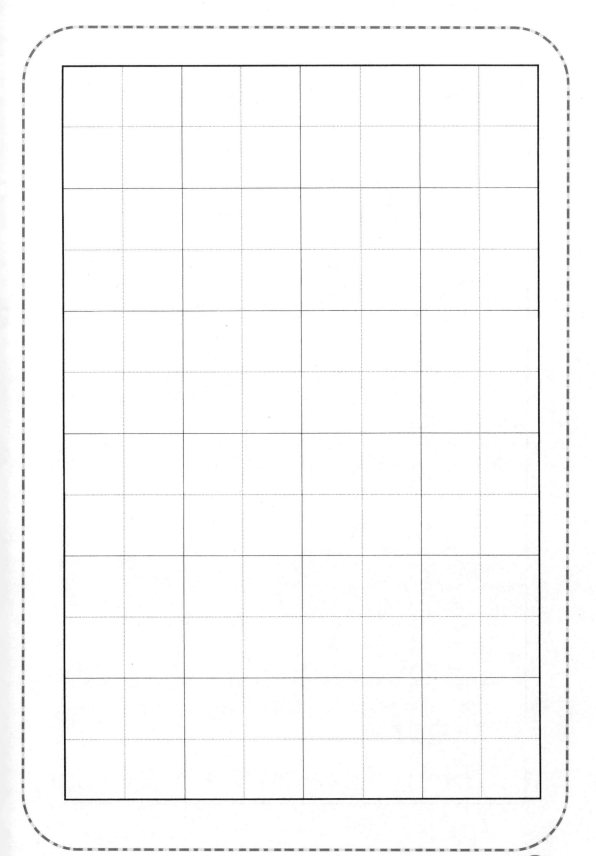

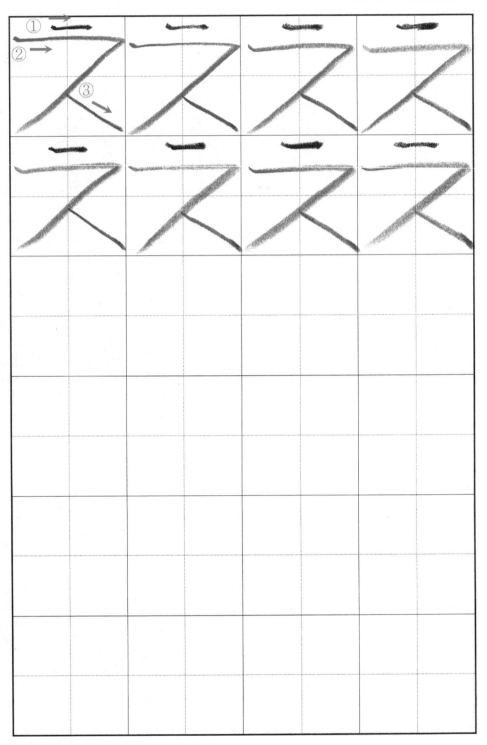

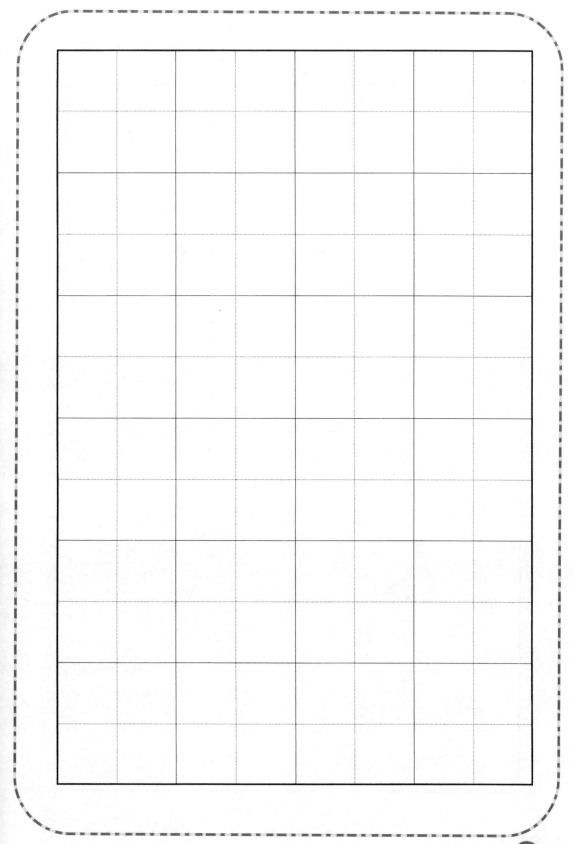

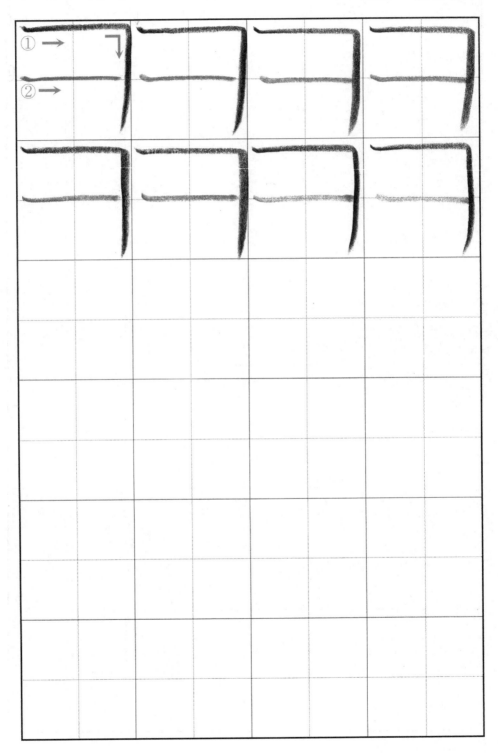

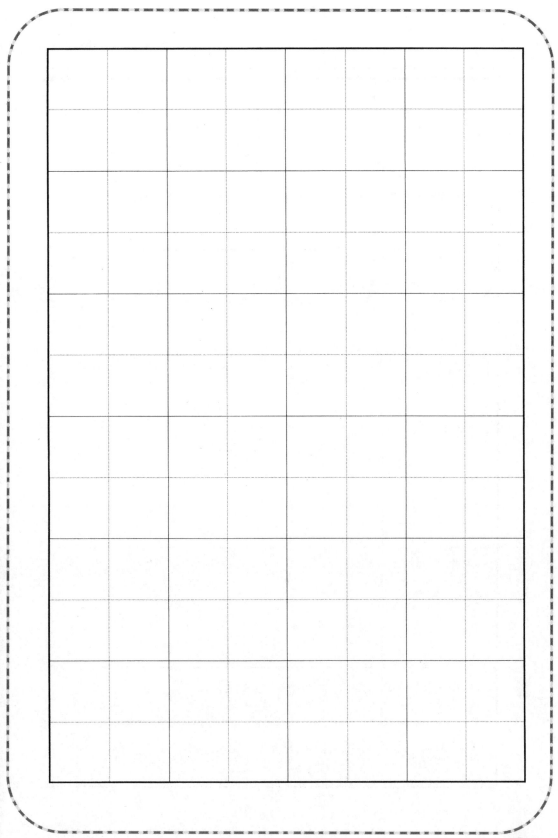

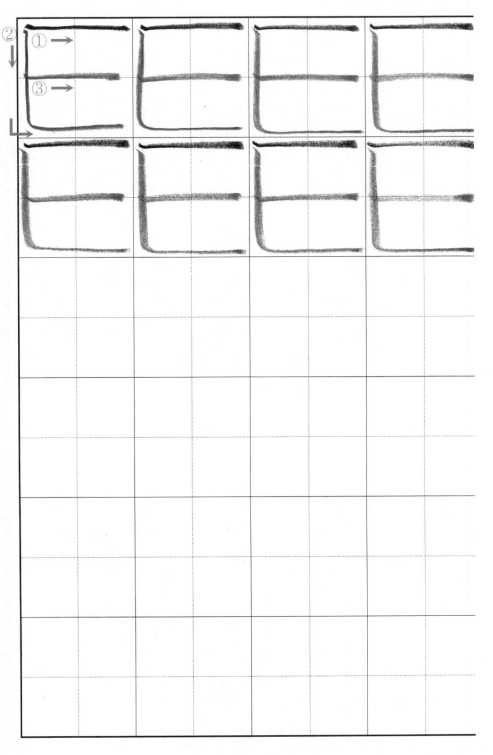

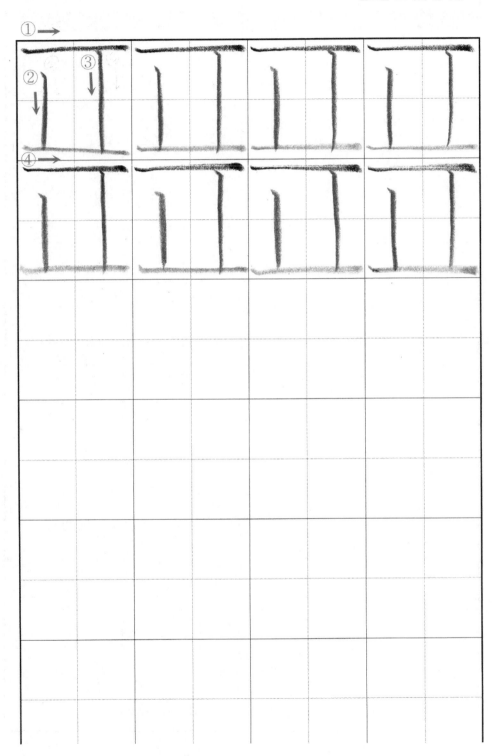

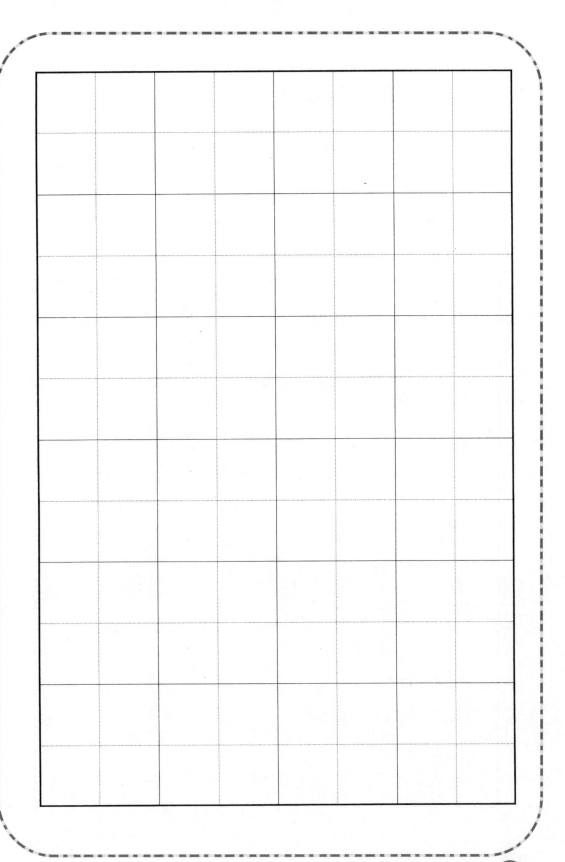

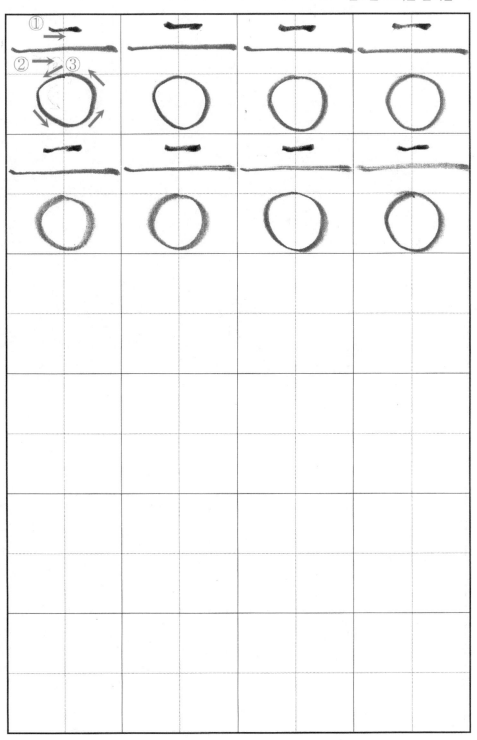

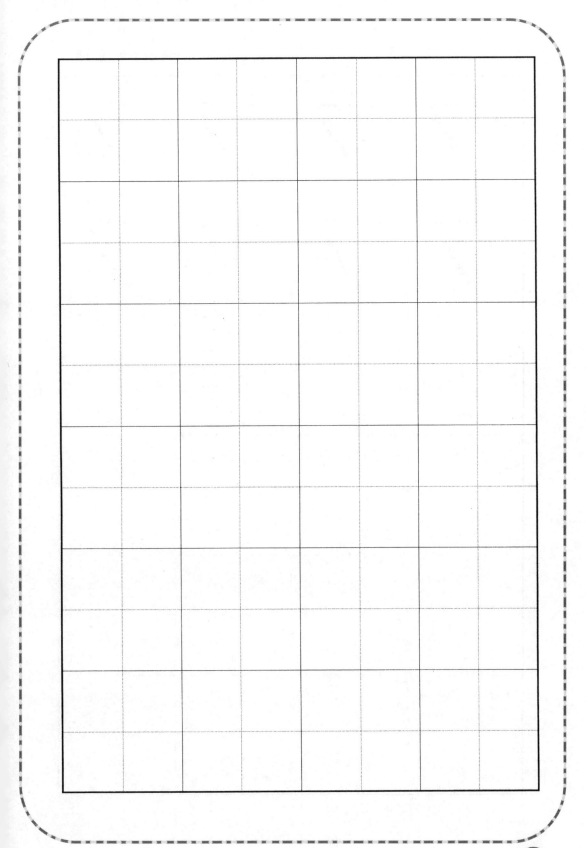

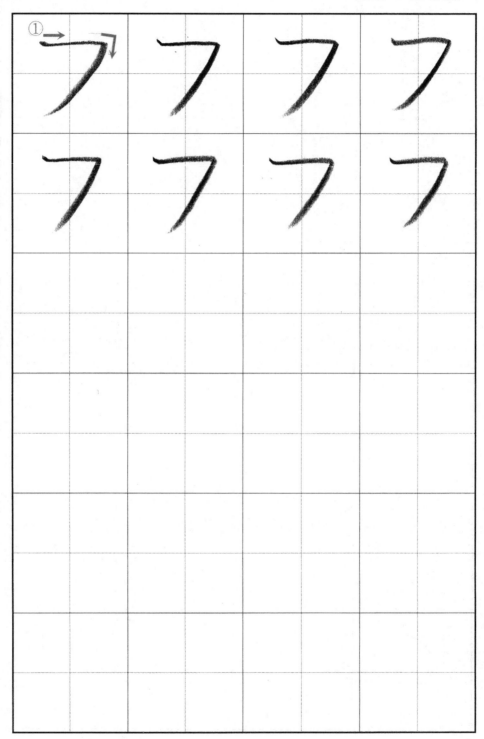

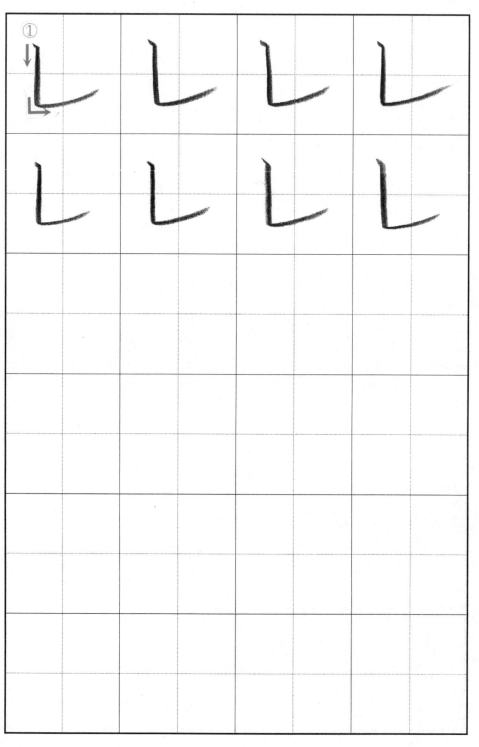

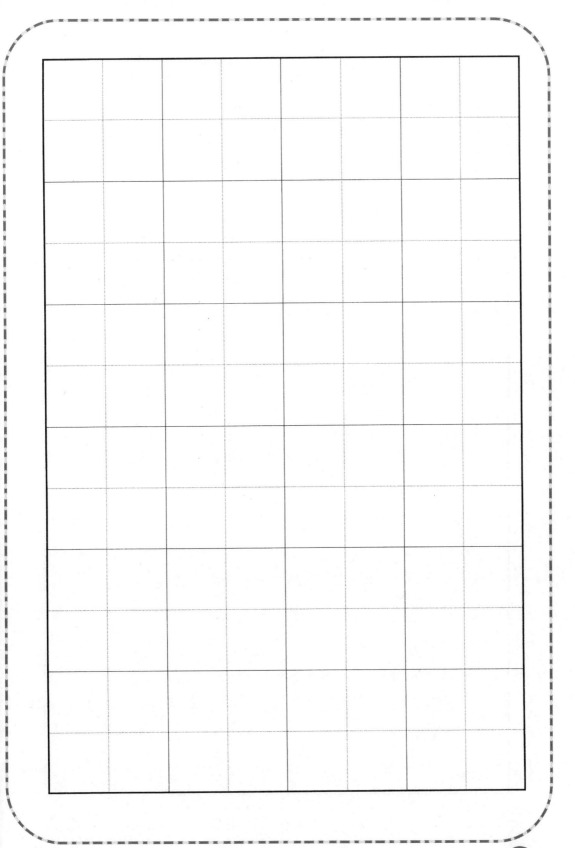

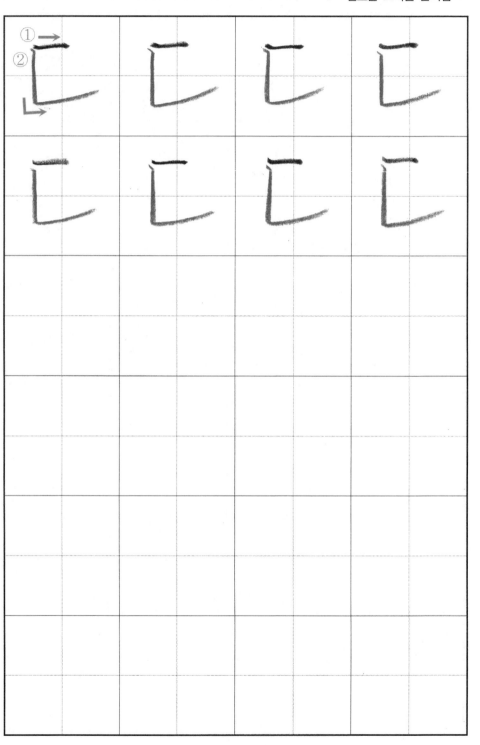

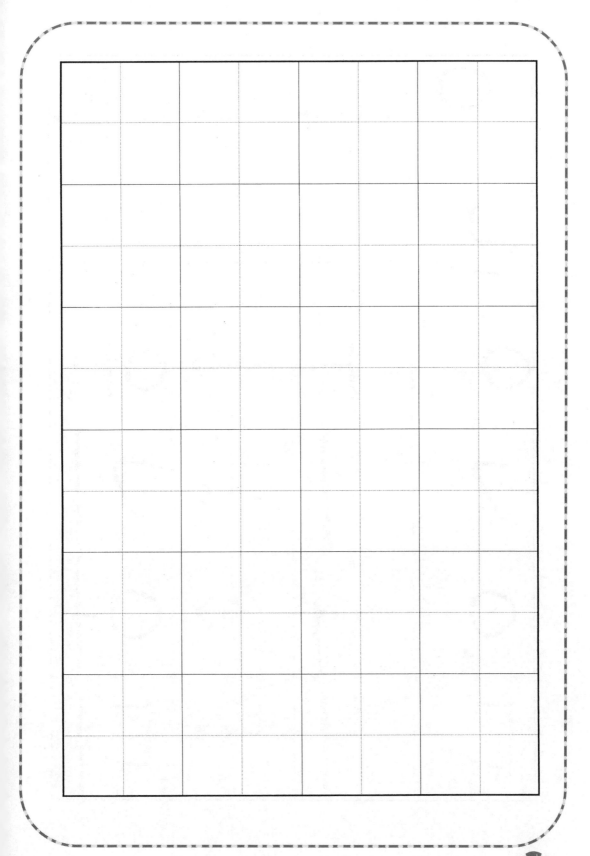

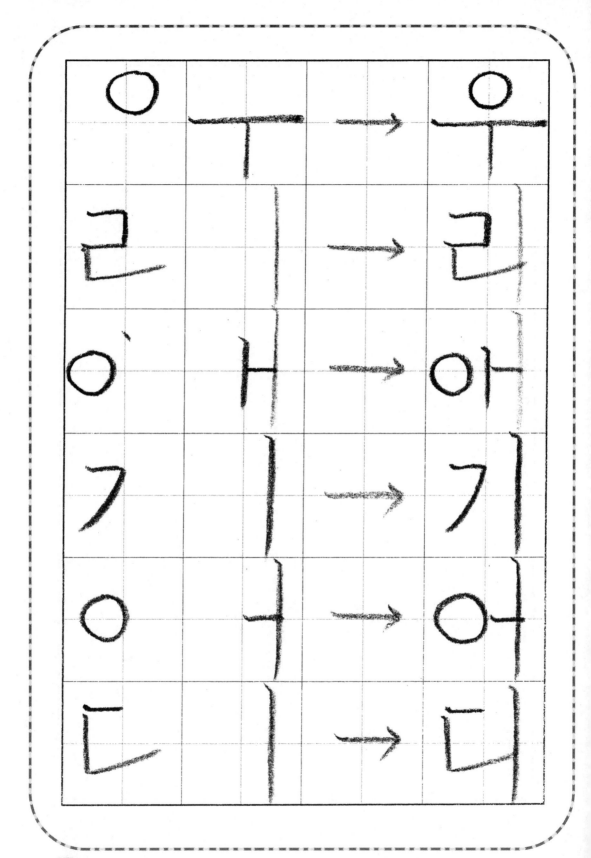

글씨왕 맵시왕

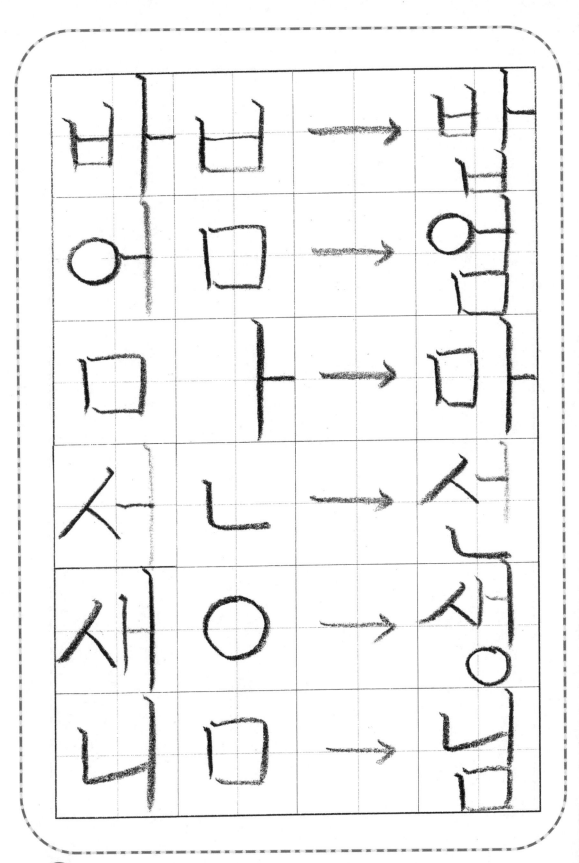

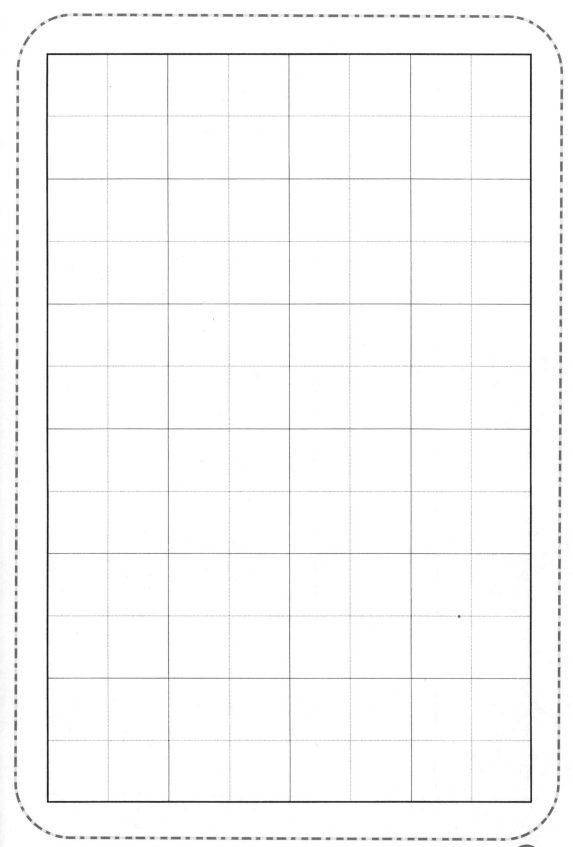

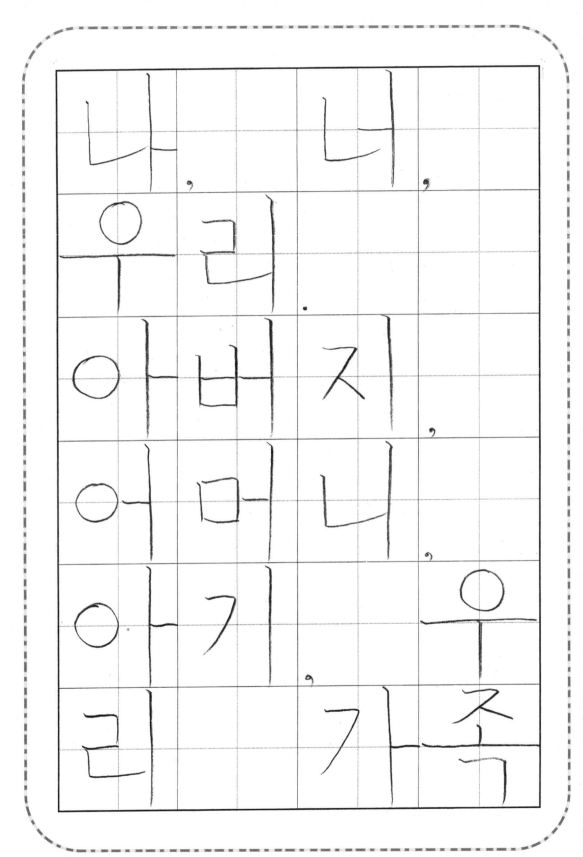

나, 너,
우리.
아버지,
어머니
아기, 우
리, 가족

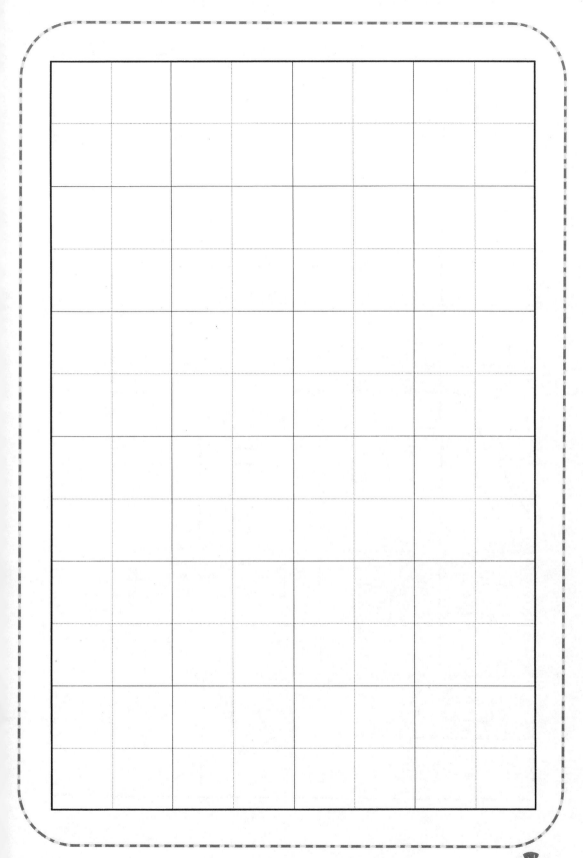

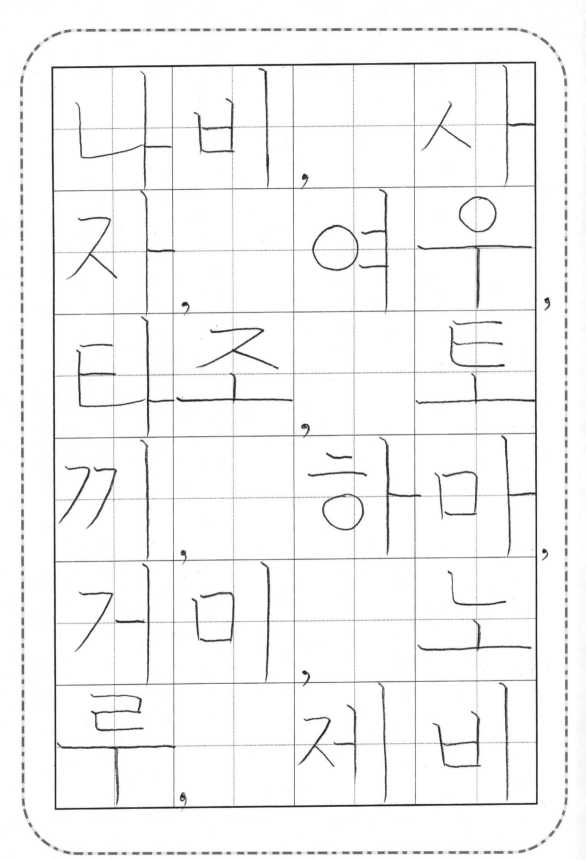

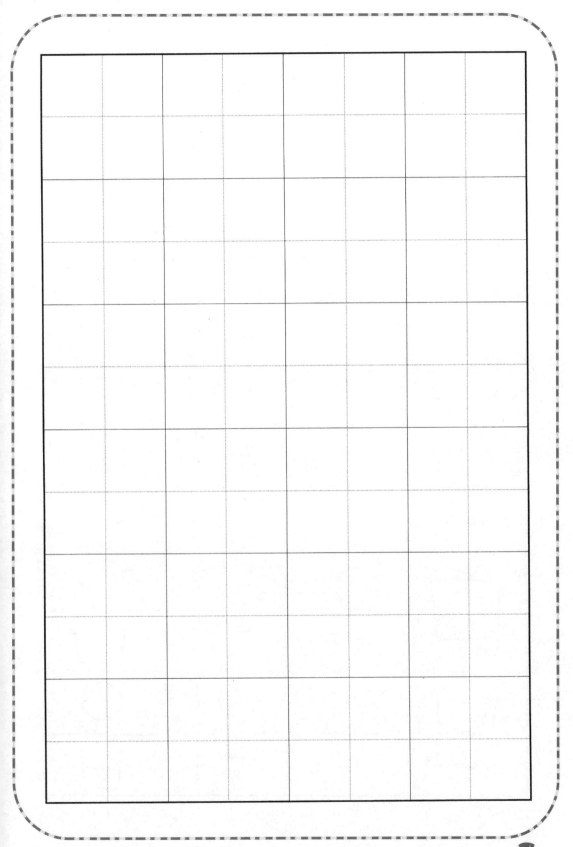

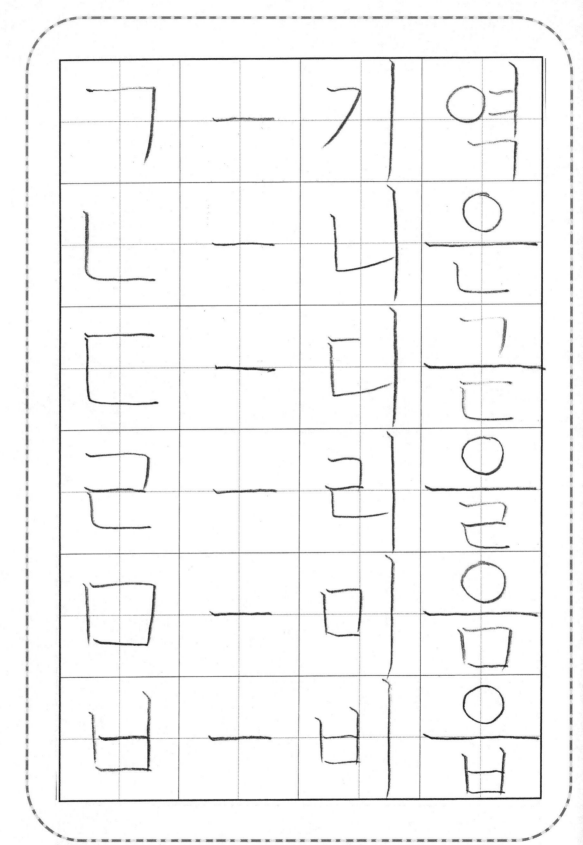

글씨왕 맵시왕

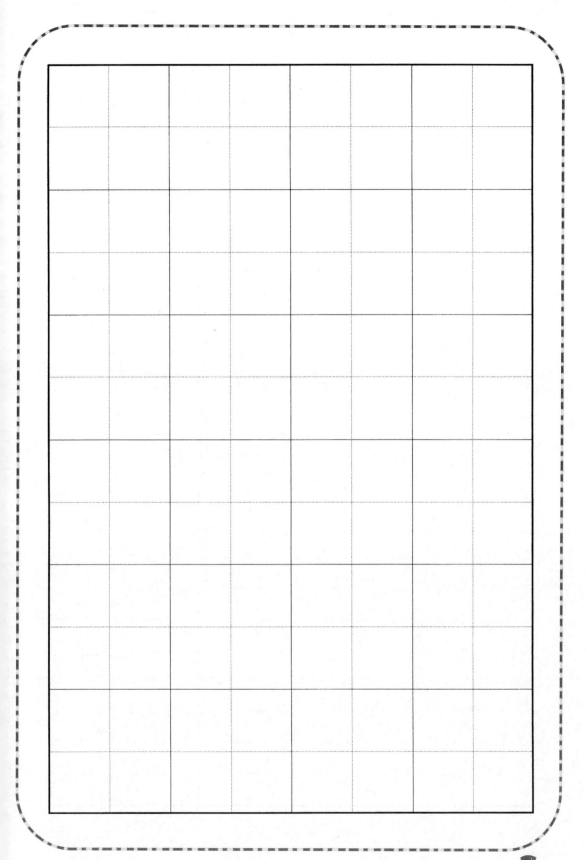

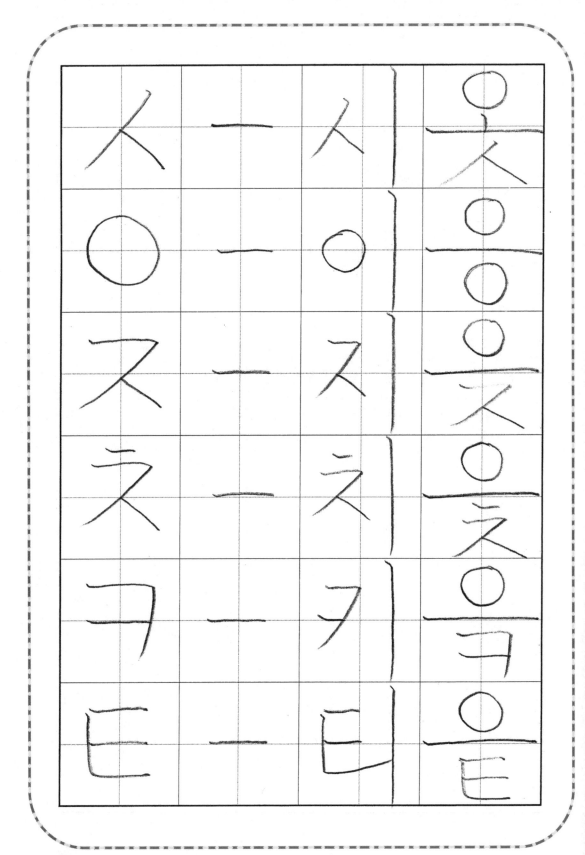

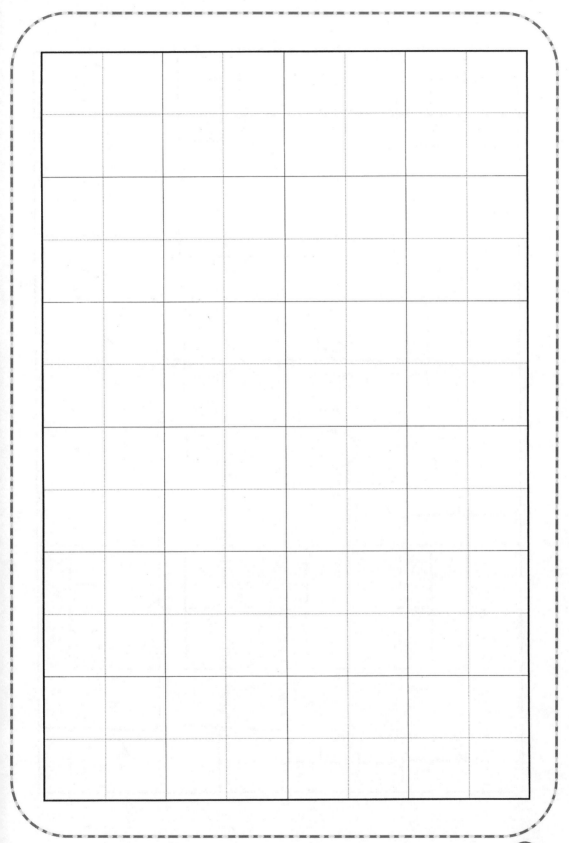

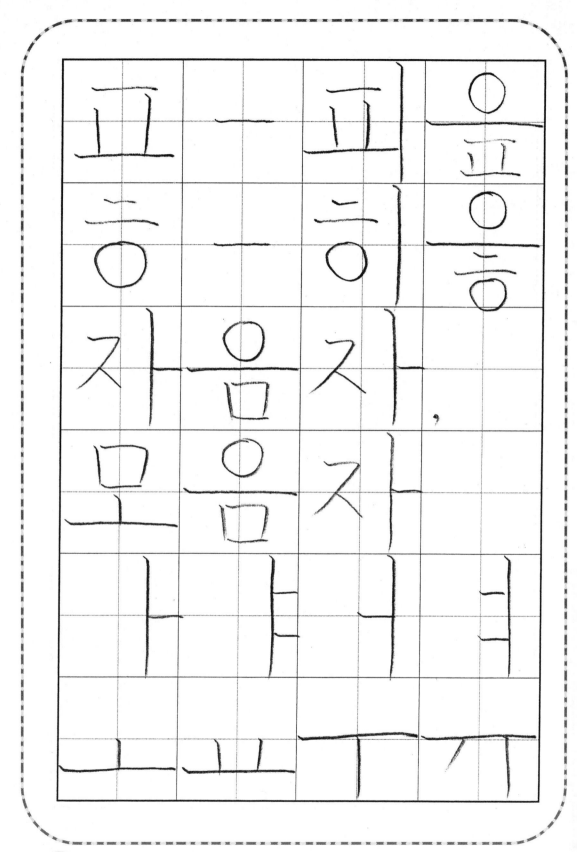

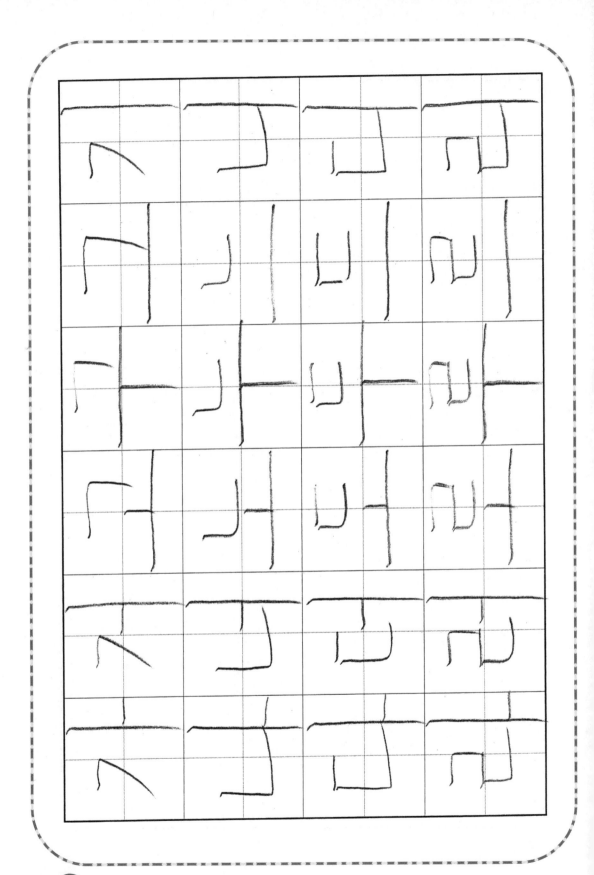

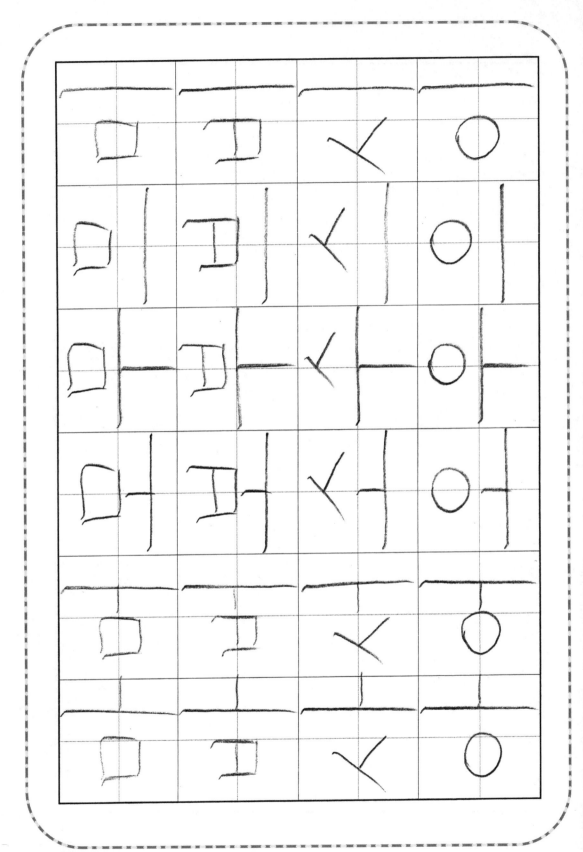

글씨왕 맵시왕

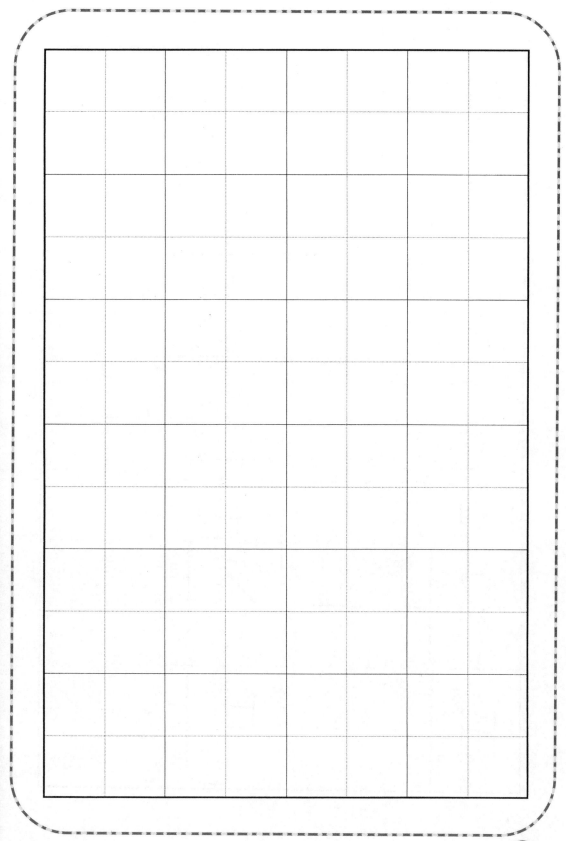

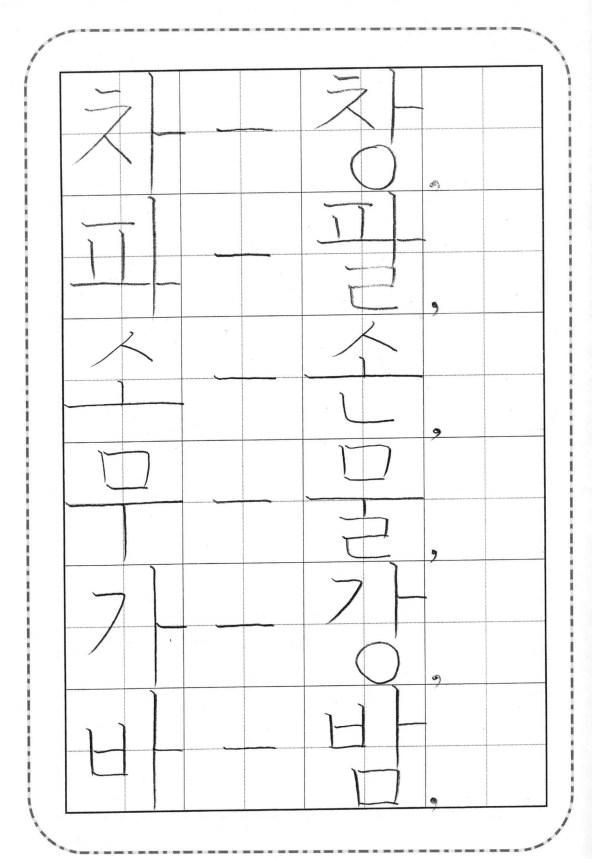

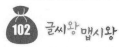

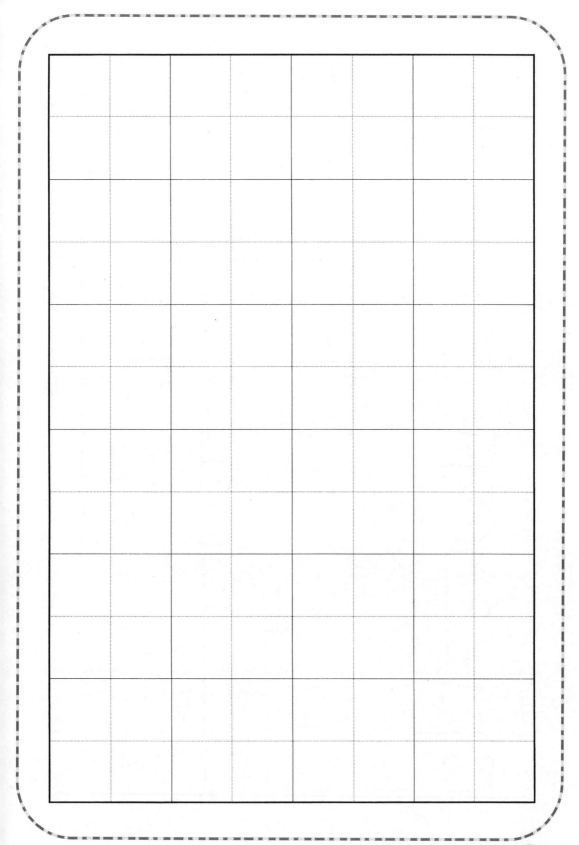

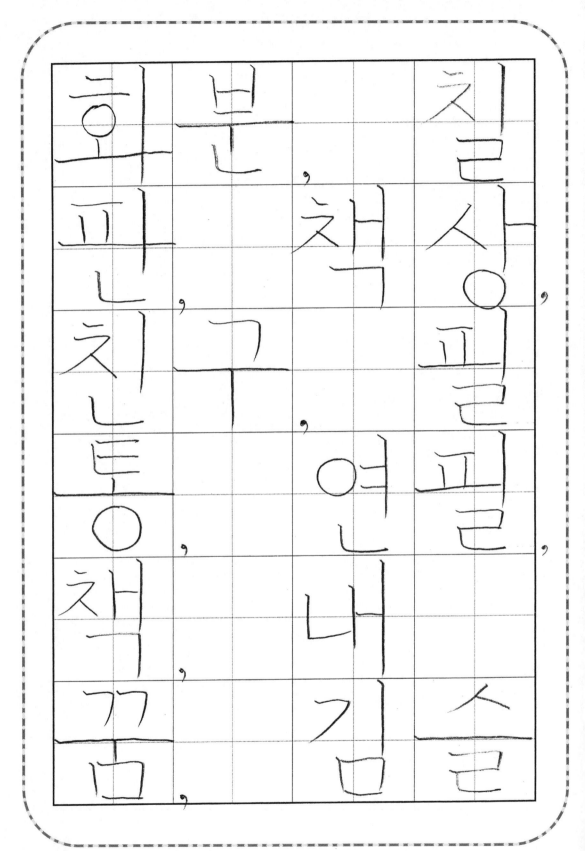

지
사
으
플
르
슬

분
책
구
연
니
김

흐
피
치
트
ㅇ
처
끔

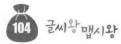

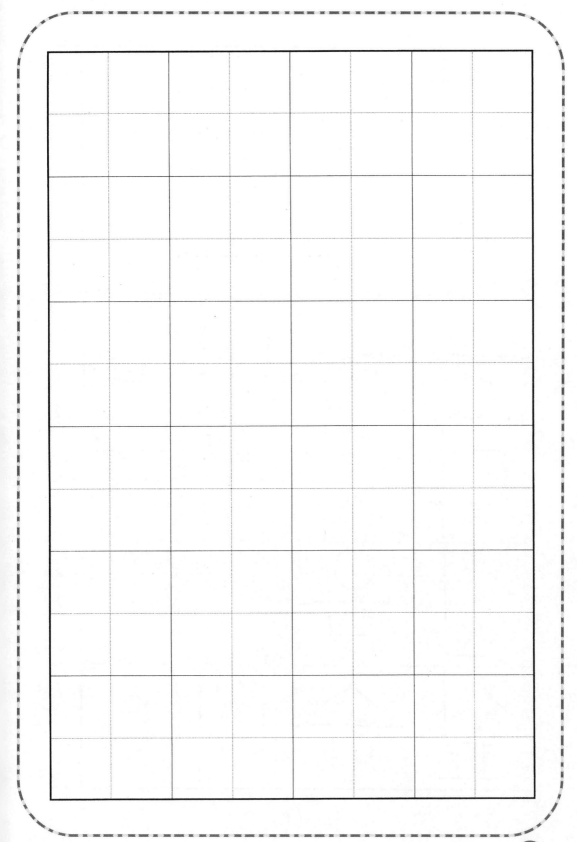

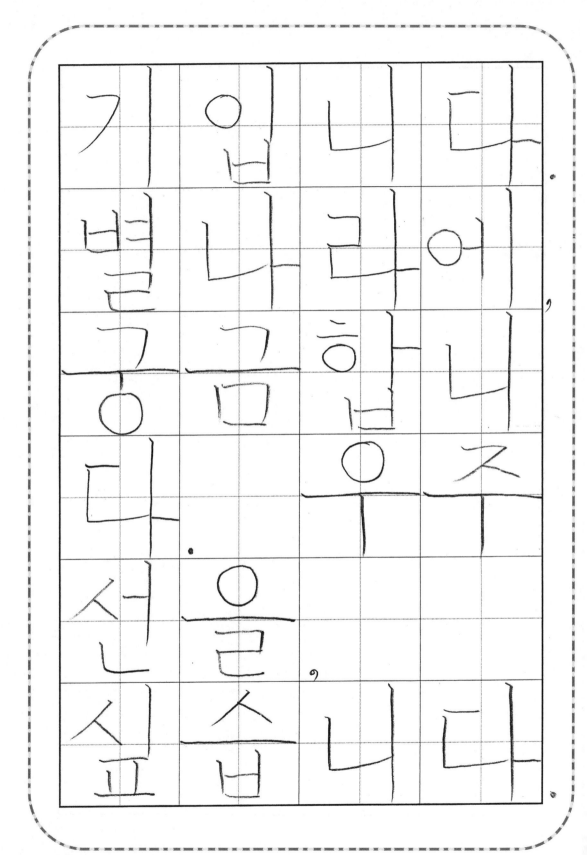

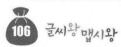

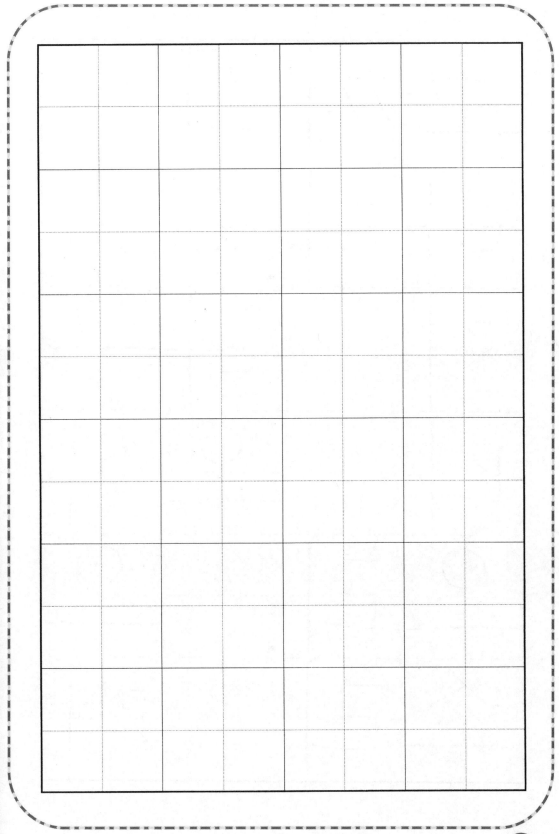

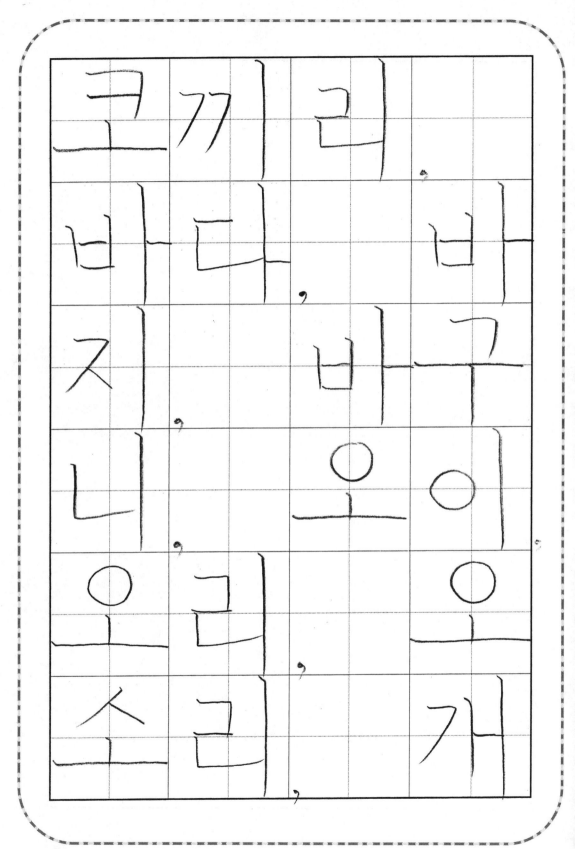

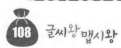

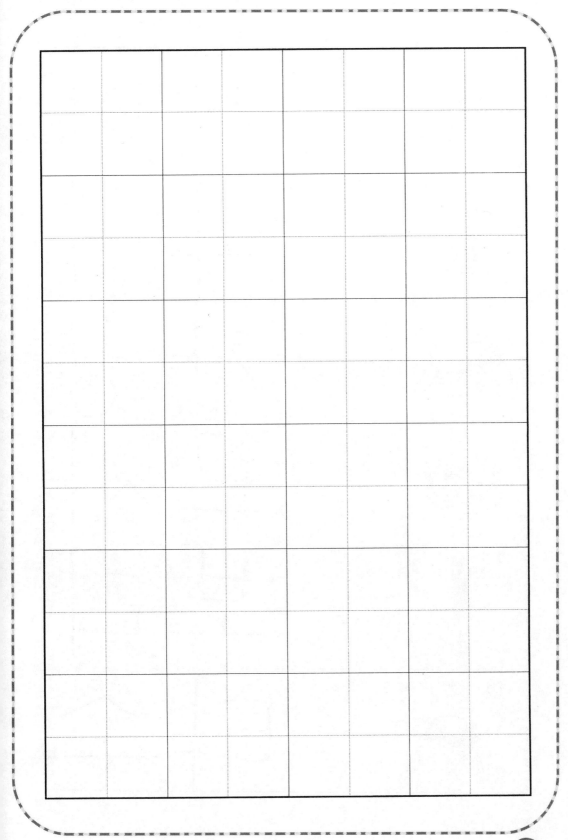

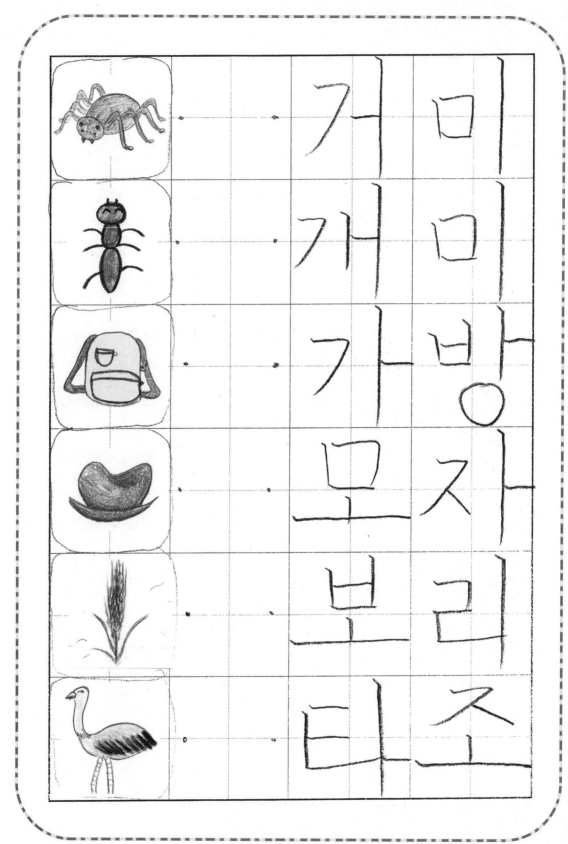

		거	미
	거		미
	거		방
		모	지
		보	리
		타	조

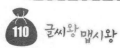

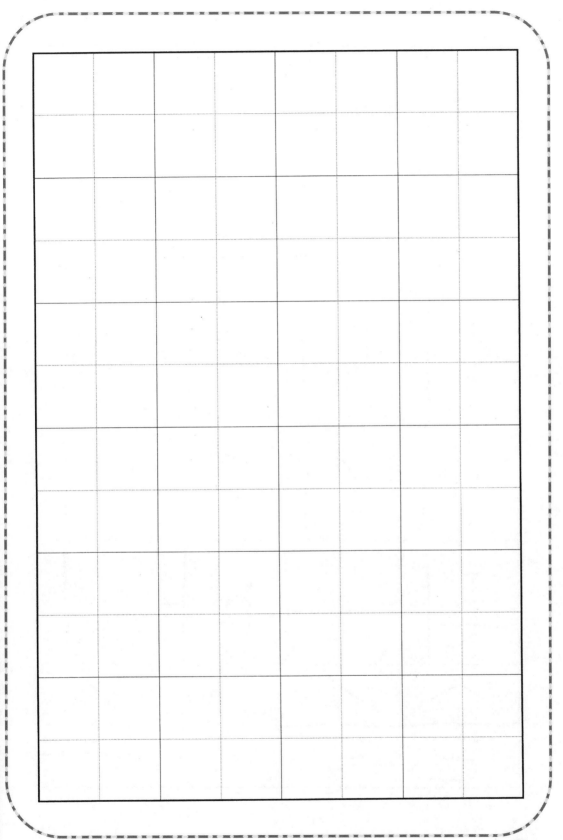

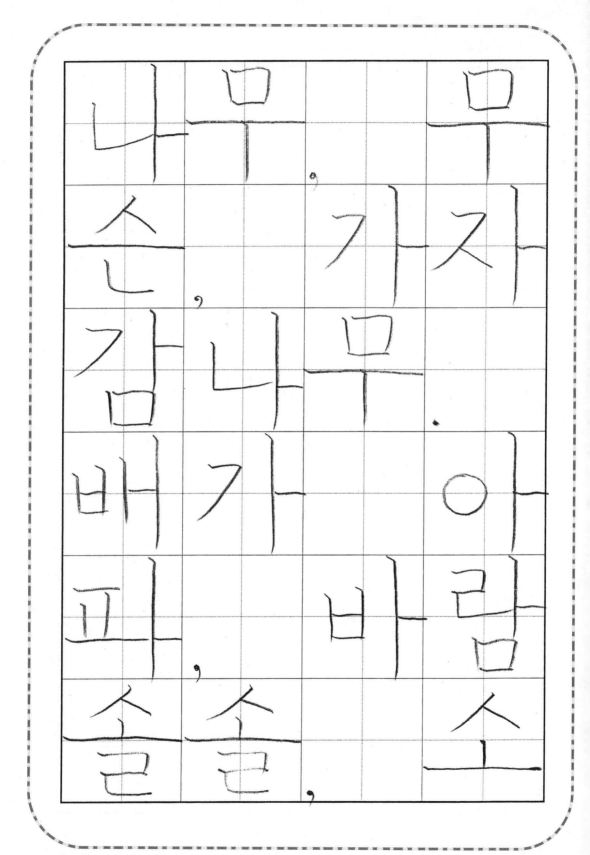

글씨왕 맵시왕

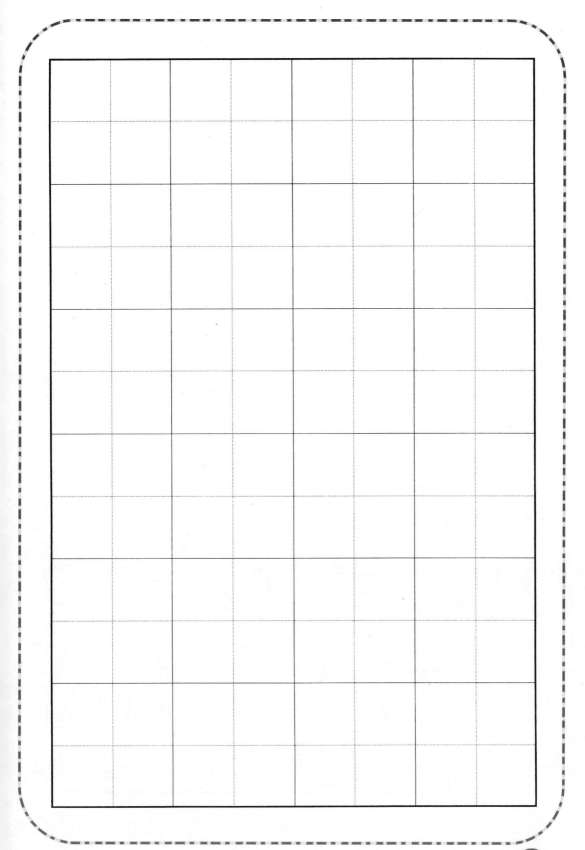

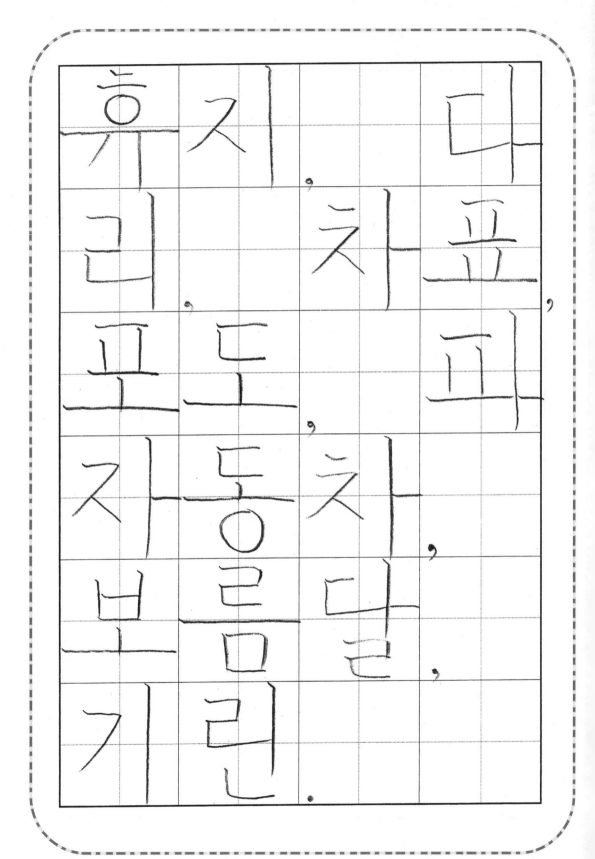

휴 지 , 다
리 치 프
프 드 꾀 ,
지 둥 치
부 를 달 ,
기 림 .

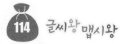

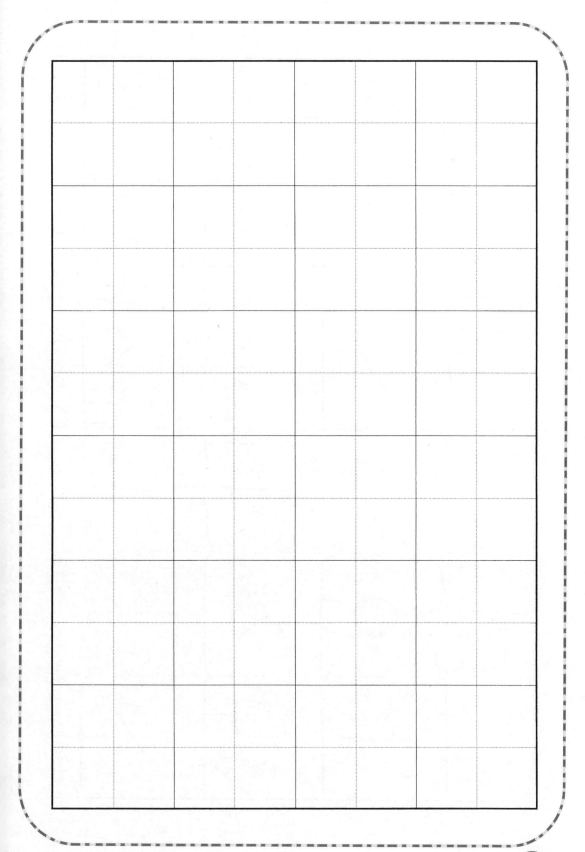

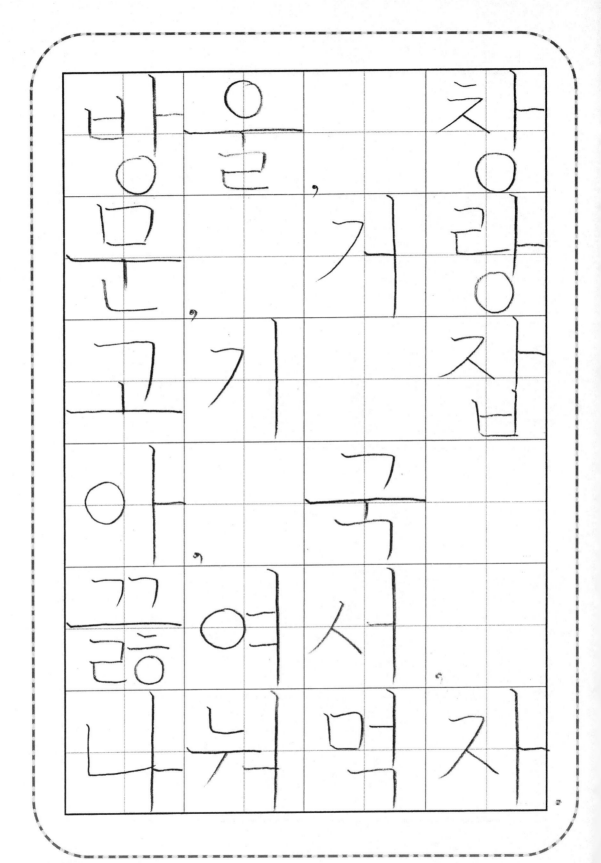

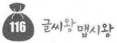

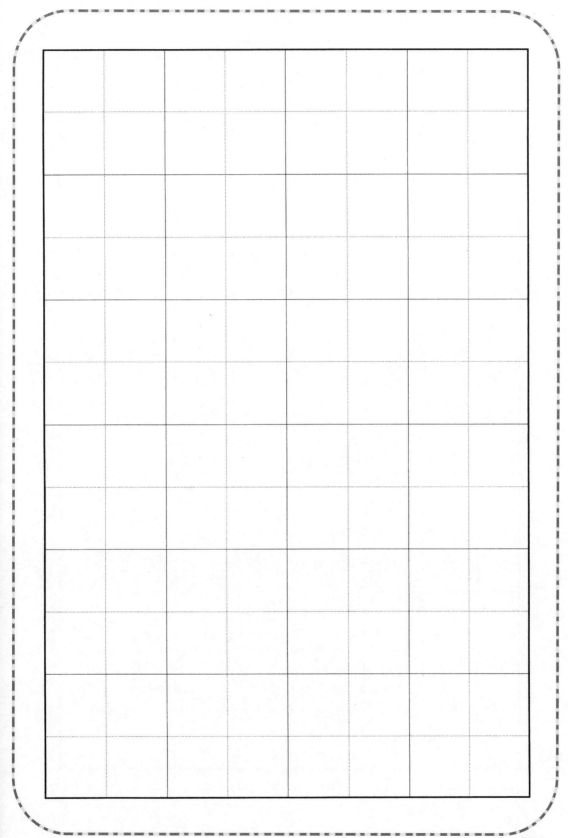

침팬지의　기분

하늘을　나는

것처럼　자신만만

하다가

　머리끝까지　화

가　날　때도　있

고,

　슬플　때도　있

지만…….

　정말정말　행복

할　때도　있어.

　"야호."

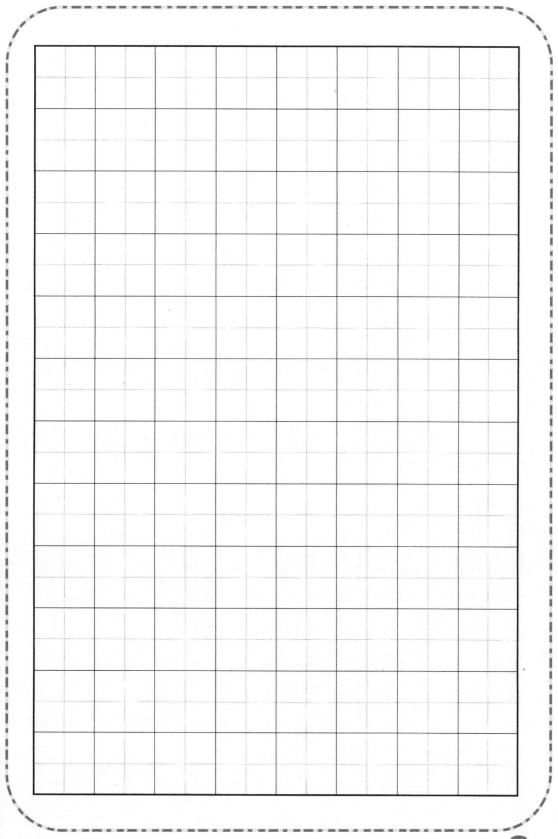

비 눗 방 울 날 아 라.
지 붕 위 에 동 동
동.
하 늘 까 지 올 라 라.
둥 실 둥 실 두 둥 실
뚜 뚜
나, 팔 꽃 이 일 어 나
래 요.
똑, 똑.
아 침 이 슬 이 세
수 하 래 요.
방 긋, 방 긋.

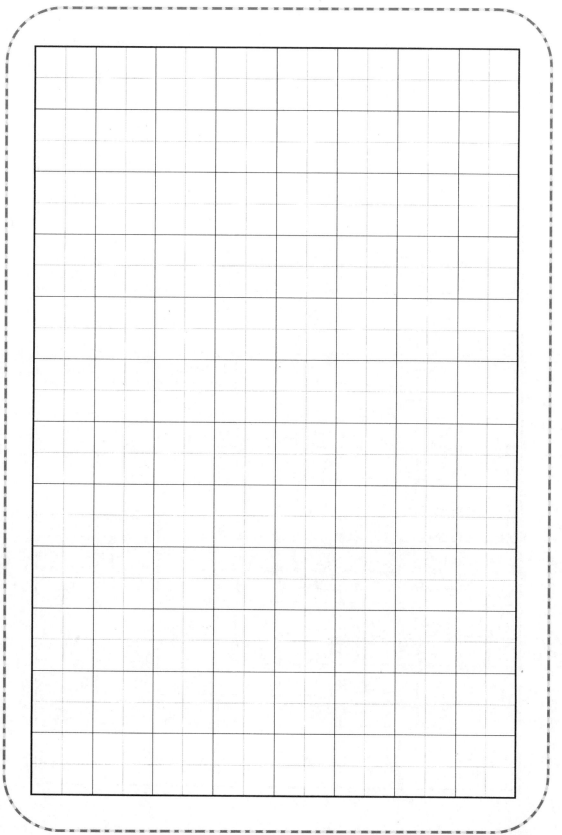

괜찮아
개미는 작아.
괜찮아!
영차 영차 나는
힘이 세.
고슴도치는 가
시가 많아.
괜찮아!
뾰족뾰족 나는
무섭지 않아.
타조는 못 날
아.

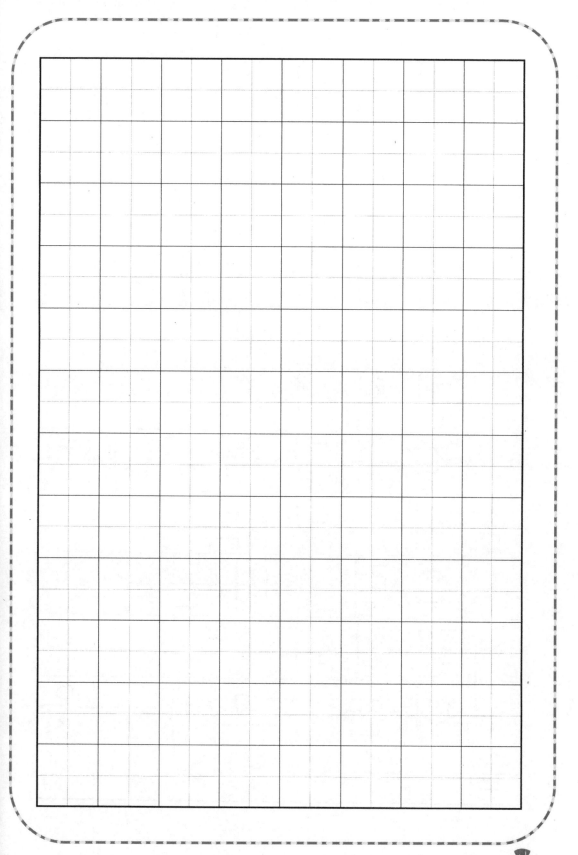

괜찮아!

기린은 목이
너무 길어.
괜찮아! 나는
길쭉길쭉
높이 많아. 나는?
그럼 나는?
괜찮아!
나는 크게 웃
을 수 있어.

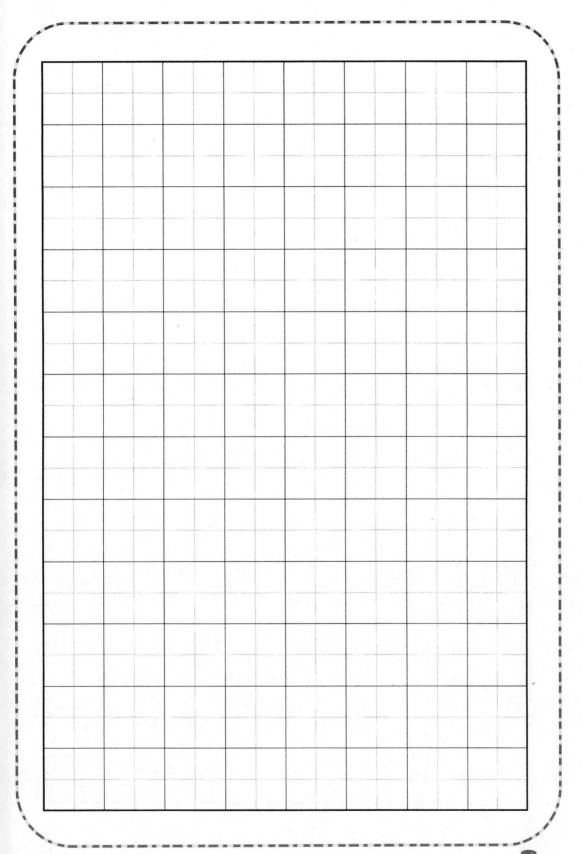

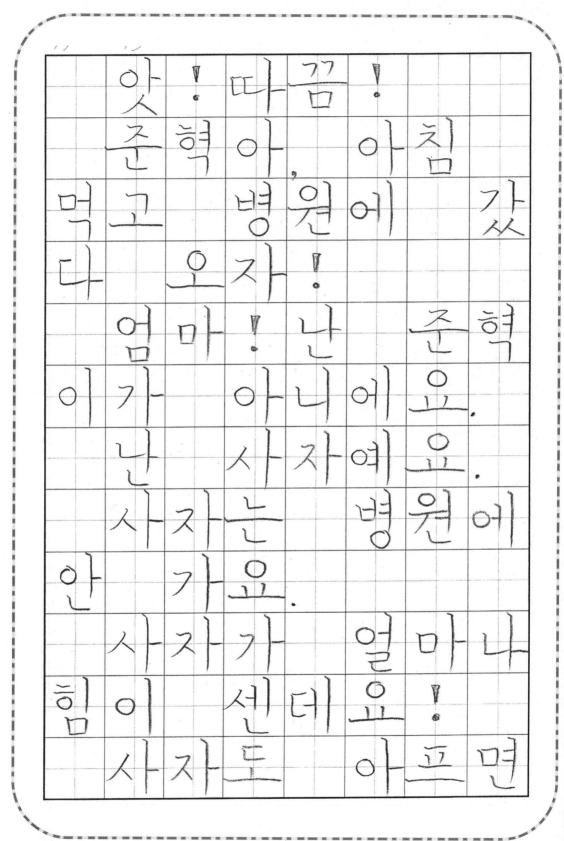

앗! 따끔!
준혁아, 아침
먹고 병원에 갔
다. 오자!
엄마! 난 준혁
이가 아니에요.
난 사자예요.
사자는 병원에
안 가요.
사자가 얼마나
힘이 센데요!
사자도 아프면

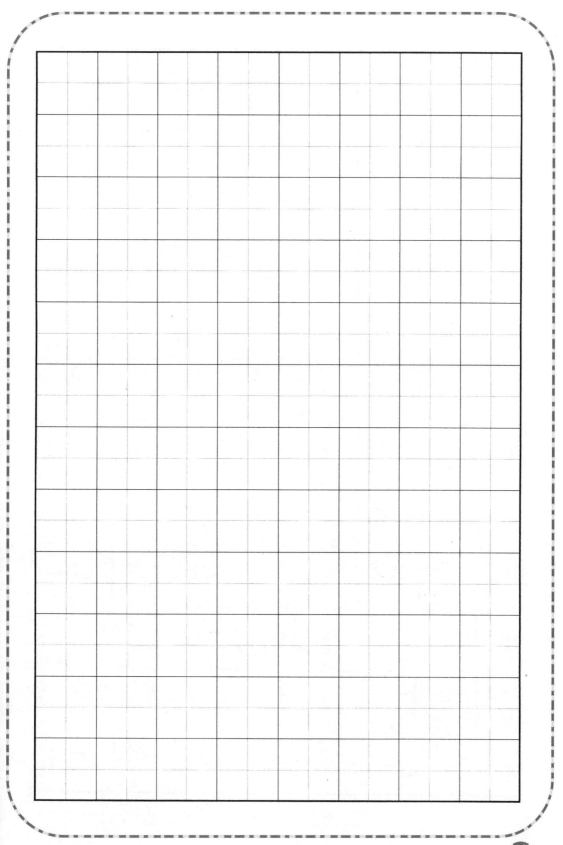

병원에 가야지.
그래야 병이
빨리 낫지.
어서 나와라.
이러다 늦겠어.
난 늦을 수밖
에 없어요.
거북이거든요.
걱정마. 우리는
버스 타고 갈
거야.
오준혁 어린이

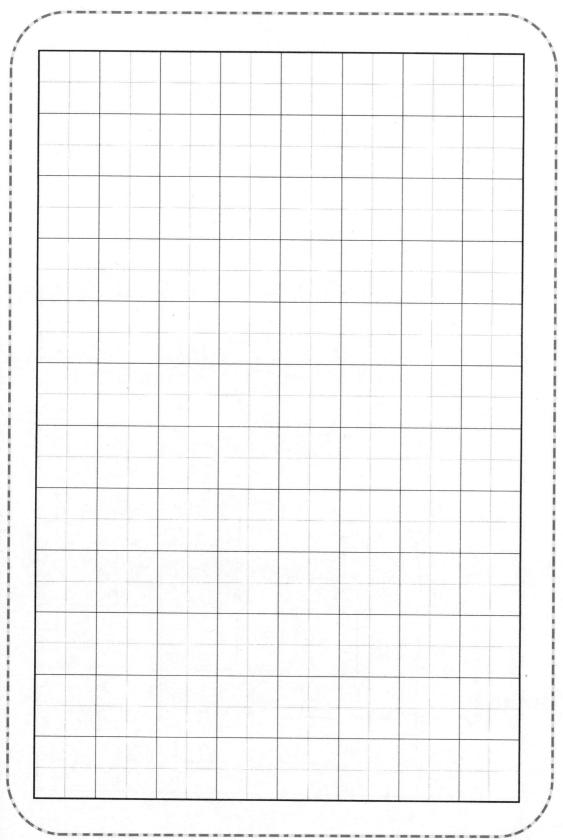

들어오세요!
　난　오준혁　　어
린이　　아니에요.
다람쥐라고요!
　어디　　보자……
　우리　준혁이는
주사　한　　테만
맞으면　되겠구나.
　난　　준혁이가
아니라니까요.　악
어라고요!
　악어는　　딱딱해

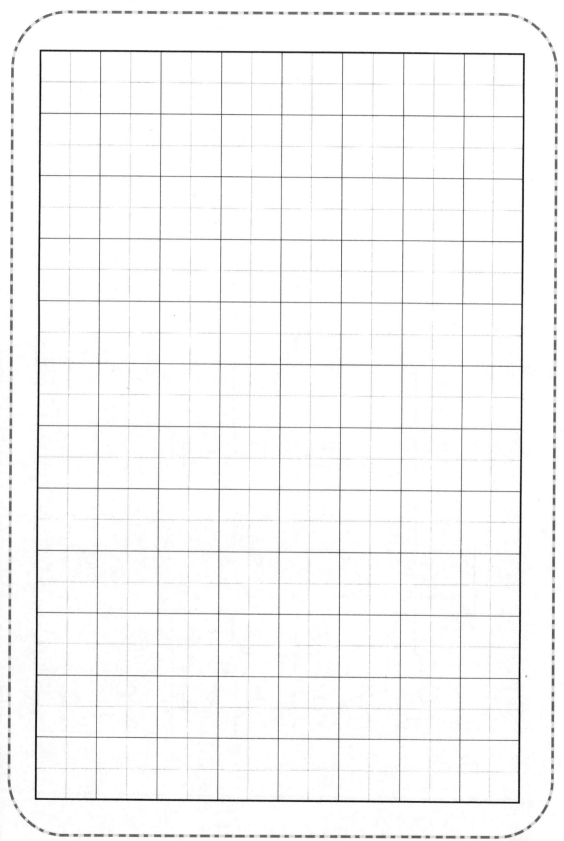

서 주 사　못 맞
아 요 !
앗 ! 따 끔 !
어 ? 별 로　아
지 않 네 ?　프
　와 우 리　악
정 말 대 단 해 어
나 악 어　아 닌
데 요 ?
난　씩 씩 한
오 준 혁 이 에 요 !

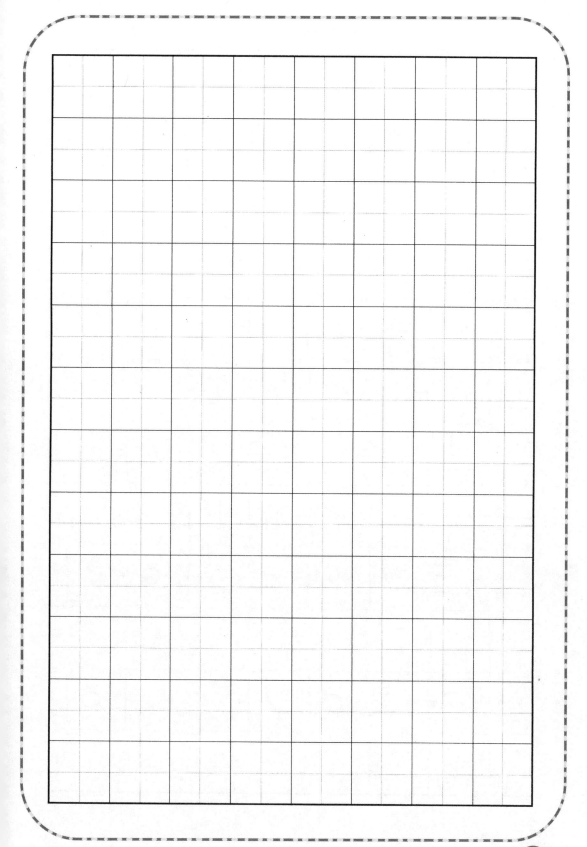

(1) 재훈이가 딸기를 먹습니다.

(2) 곰이 노래를 부릅니다.

(3) 원숭이가 피아노를 칩니다.

(4) 모두 즐겁게 춤을 춥니다.

. 토끼가 뛰어갑니다.

. 거북이가 기어갑니다.

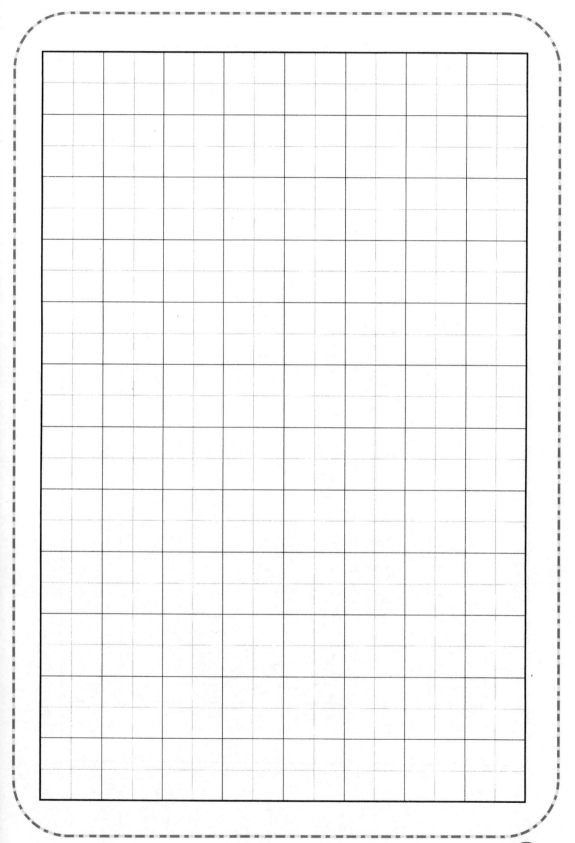

흉내 내는 말

짹짹, 데굴데굴,

아장아장, 딸랑딸랑.

뒤뚱뒤뚱

어디를 가나요?

꽥꽥꽥

무엇을 하나요?

첨벙첨벙

재밌게 물장구

치며 놀지요

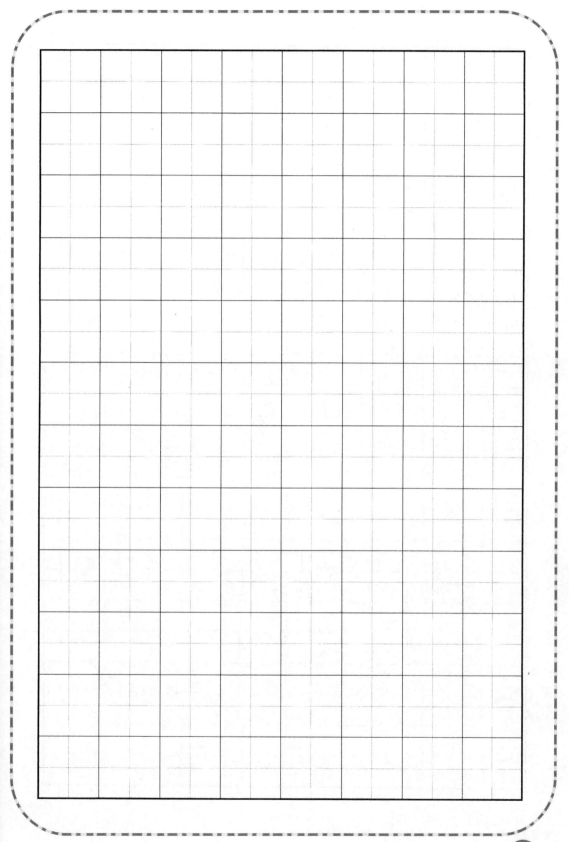

아그마 초롱디마금
강 친구이 초란 얼궁에
야 준한 어름은 빛 롱이 초롱가지 다음 만나자.
은빛 롱이 초롱이는
수가 친있이야. 초롱 초롱이는 컀쏫?
혀니지가워 롱별해
와 되! 이처럼 이처시 초롱 나는하 함께

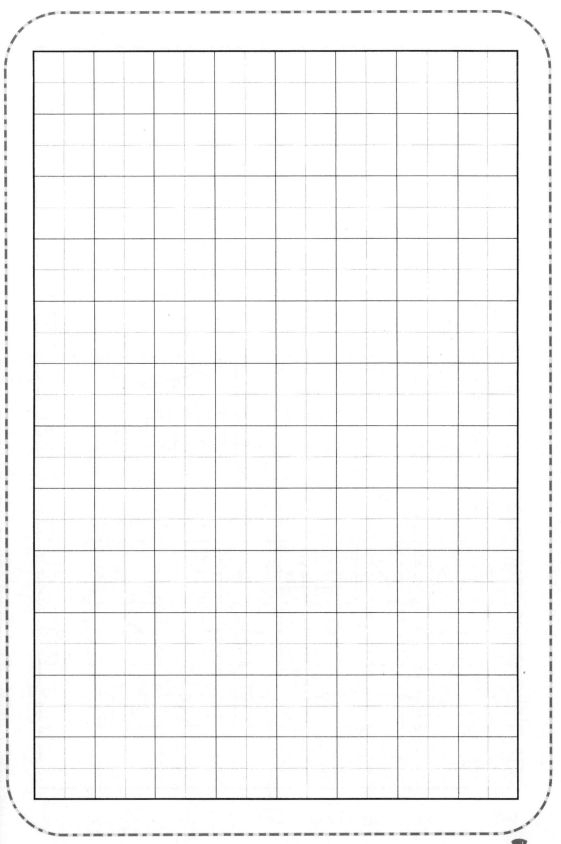

호랑이가 소 세 마리를

잡아먹으려고 덤벼들었어요.

우리 아끼랑이 먹이를 그리고

기르고 싶었지만 보내 주었어요.

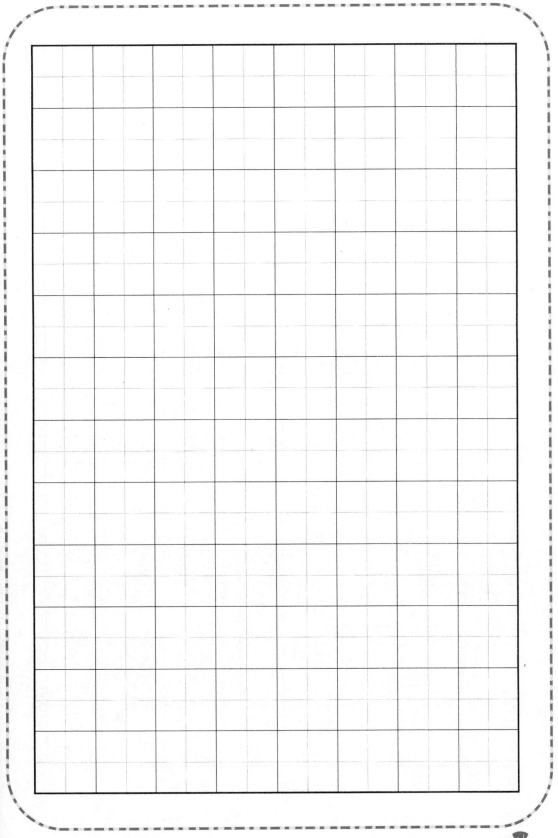

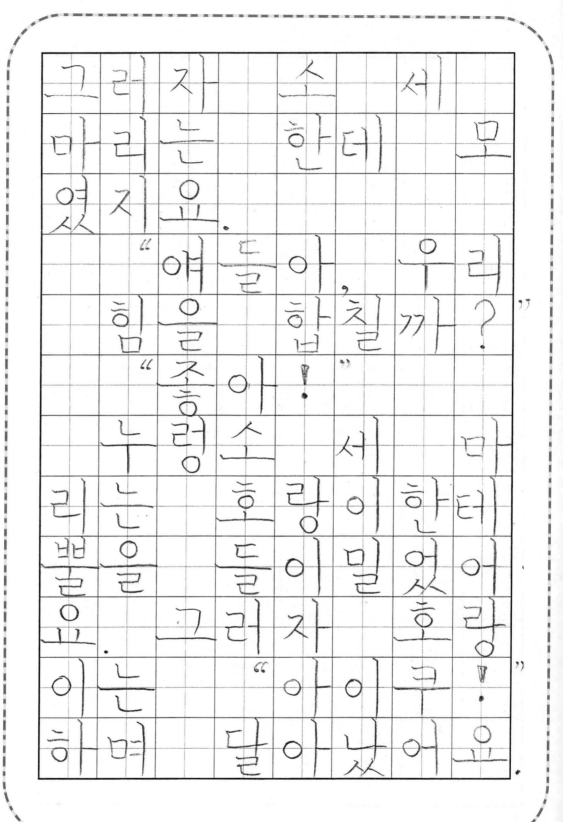

"세 마리?"
"마터이랑요.
소 한데 우리까?"
"아 칠해!" 서이랑이 자아낫쏘.
한엇쏘코이
"애들 좋려 아소호들 그려" 달
누리는 뿔을 그리며...요. 이
힘"
자는요
리리지
그림 그렸지

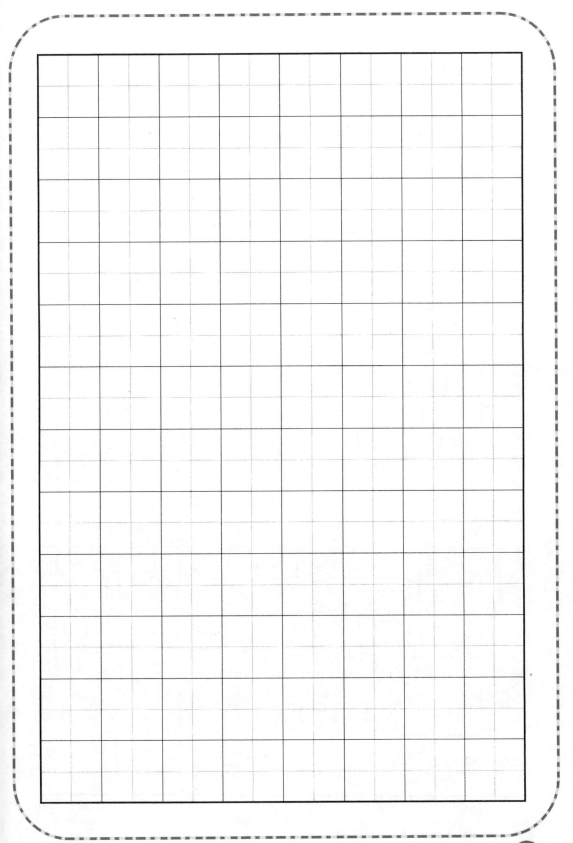

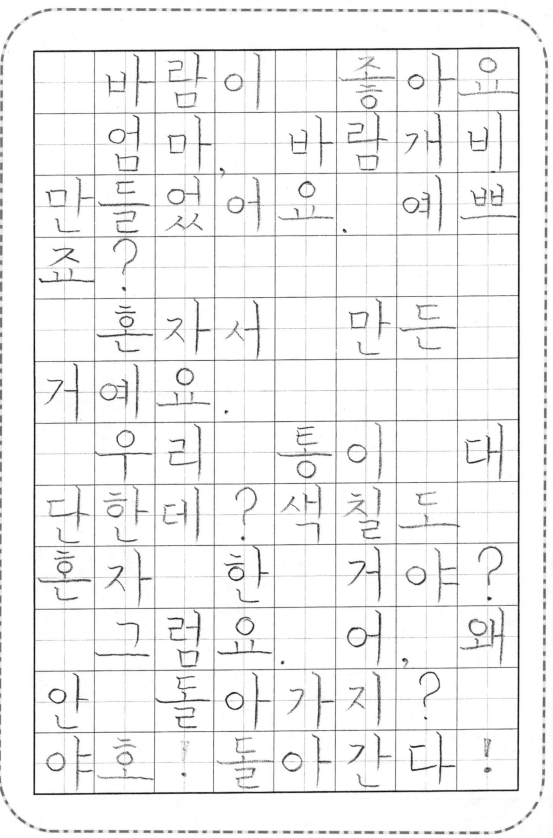

바람이　좋아요

엄마,　바람개비

만들었'어요.　예쁘

죠?

혼자서　만든

거예요.

우리　통이　태

단한테?　색칠 도

혼자　한　거야?

그럼요.　어,　왜

안　돌아가지?

야호!　돌아간다!

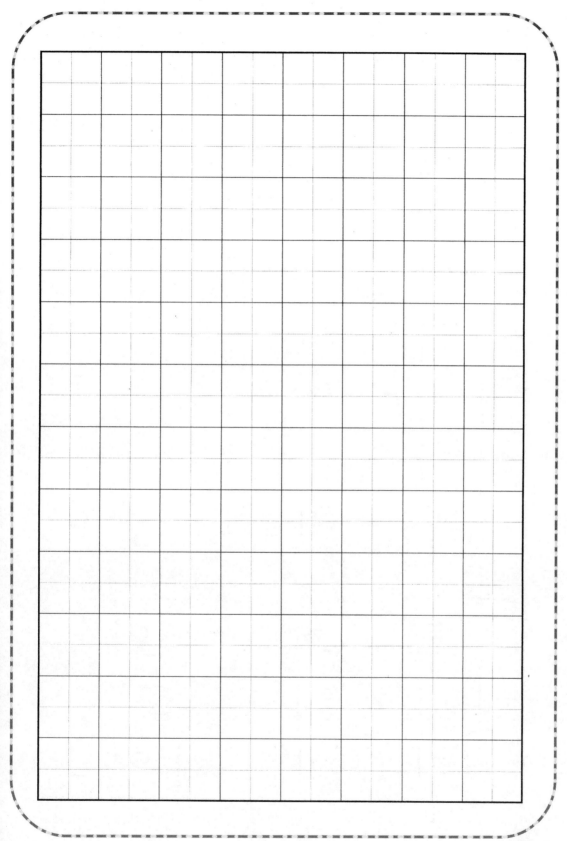

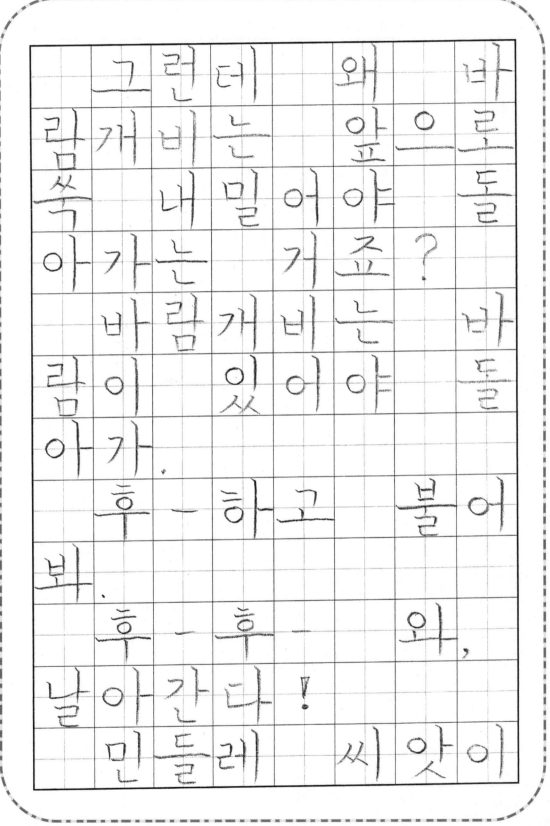

그런데 왜 바람개비는 앞으로 쑥 내밀어 돌아가는 거죠? 바람개비는 밀어 앞으로 돌아가는 바람이 있어야 바람개비가.

후- 하고 불어 봐.

후- 후- 와, 날아간다! 민들레 씨앗이

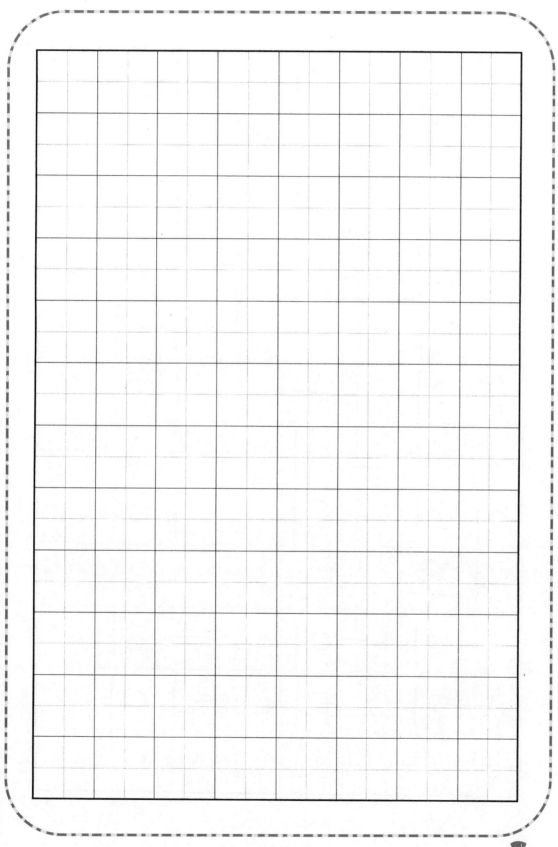

멀리 멀리 가고
싶은가 봐요.
　바람이 어디든
데려다 줄 거야.
　비가 세차게
쏟아지는 날,
　바람이 우산을
이리저리 잡아당
겨요.
　바람이 우리
통이보다 힘이
센가 보다.

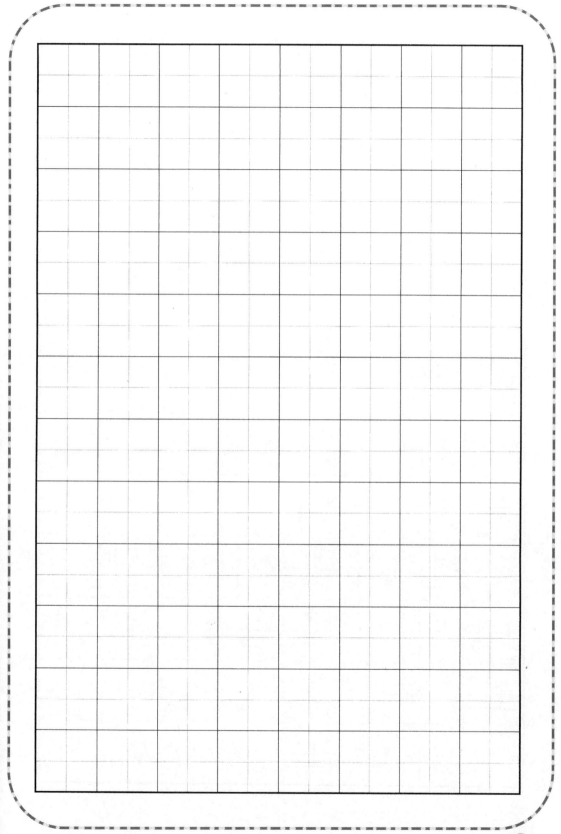

공차기를 하고
난 뒤 땀이 주
르르 흐르면
바람이 와서
살며시 닦아 주
어요. 참 고마운 바
람이구나.
빨래들이 신
나게 춤을 추어
요. 바람과 함께

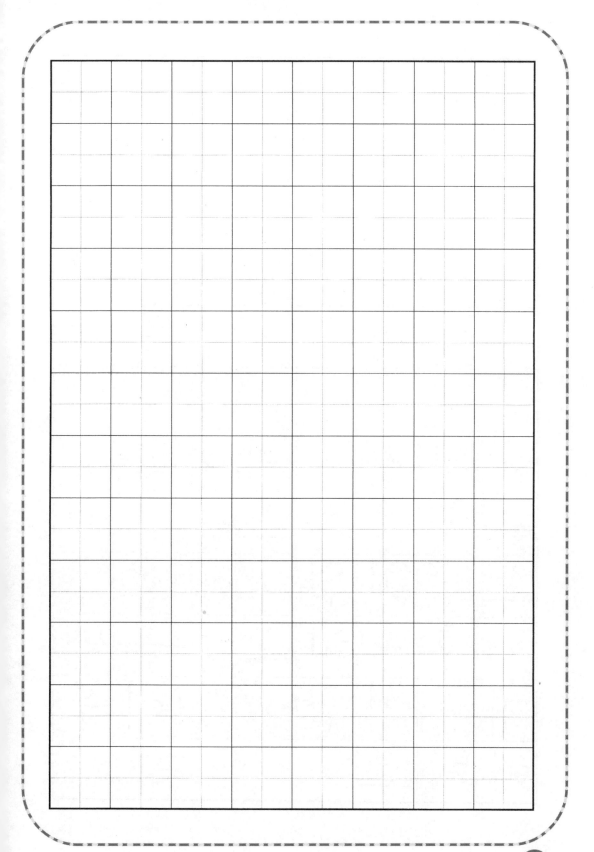

151

하나, 둘, 셋. 하
나, 둘, 셋.
　어느새 　뽀송뽀
송 　다 　말랐어요.
　엄마는 　바람이
좋아. 　　　　이
　생일 　케이크
촛불을 　끄는 　것
도 　바람이에요.
　후 　하고 　불면
내 　바람이 　이루
어져요.

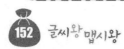

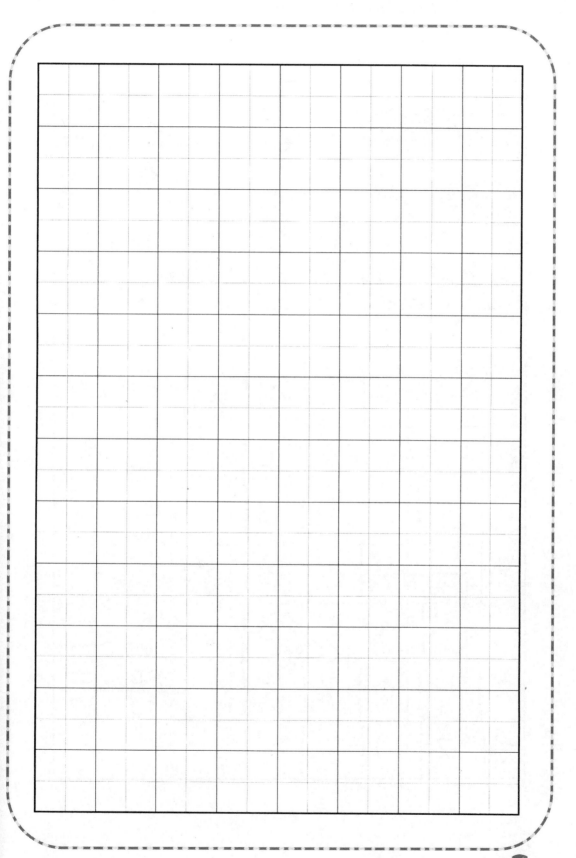

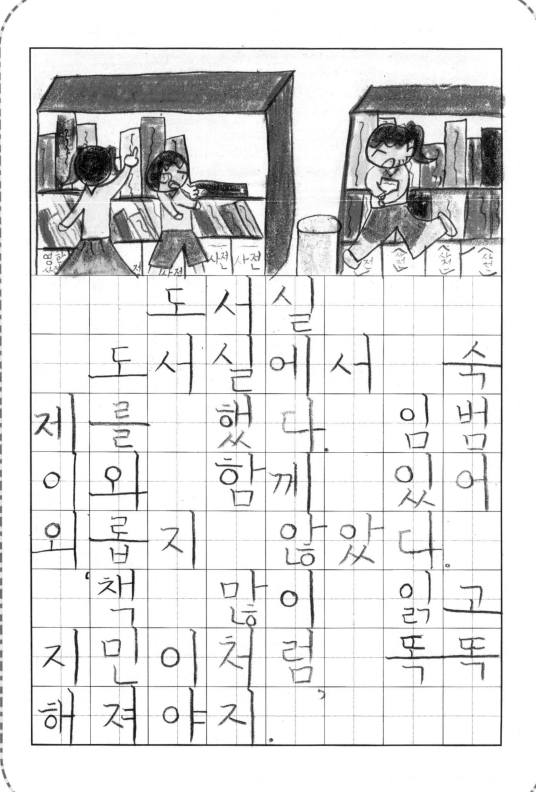

숙범어 임있다. 고 똑똑

서 임있었다. 읽 똑

실에다. 께 않으럼,

서실했함지 많처

도서를 외롭 책 민이야 ㅈ

도 저오지 해져

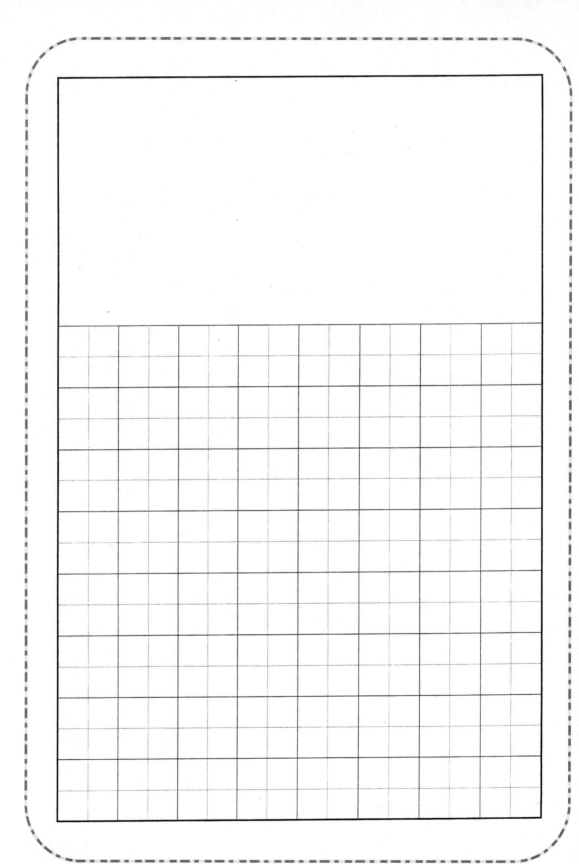

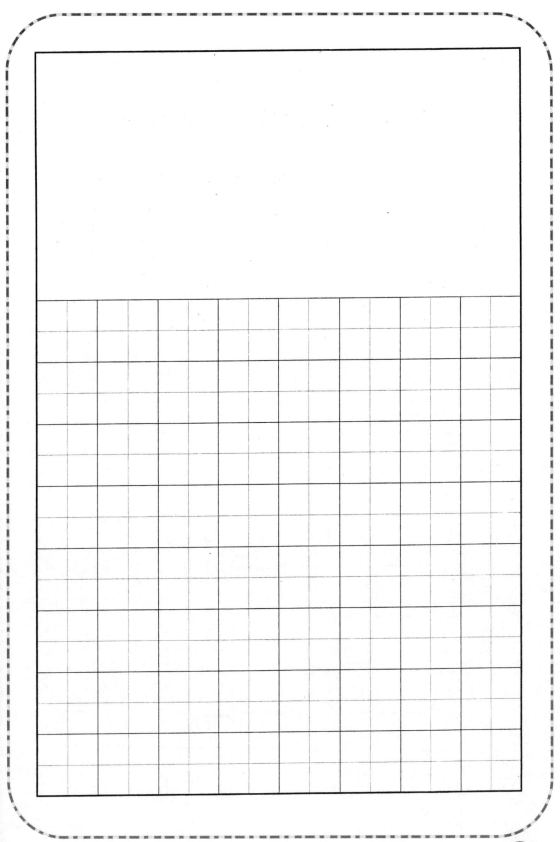

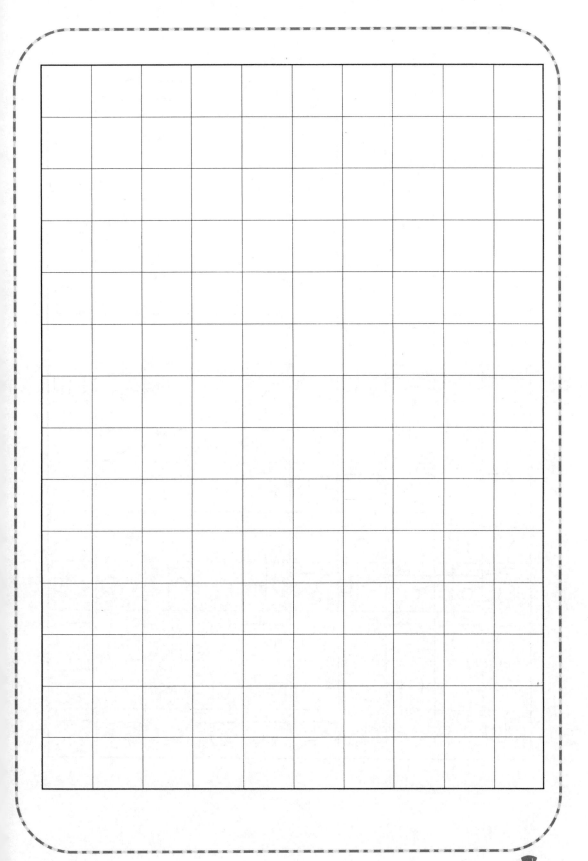

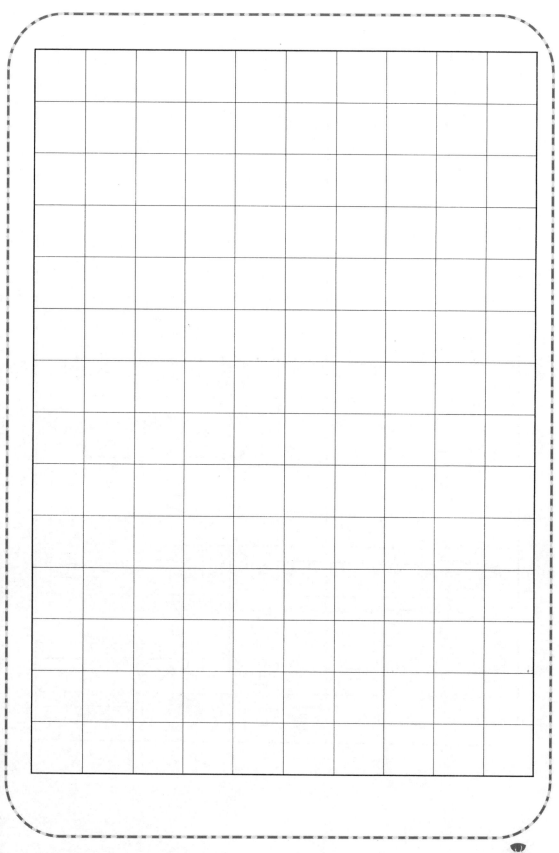

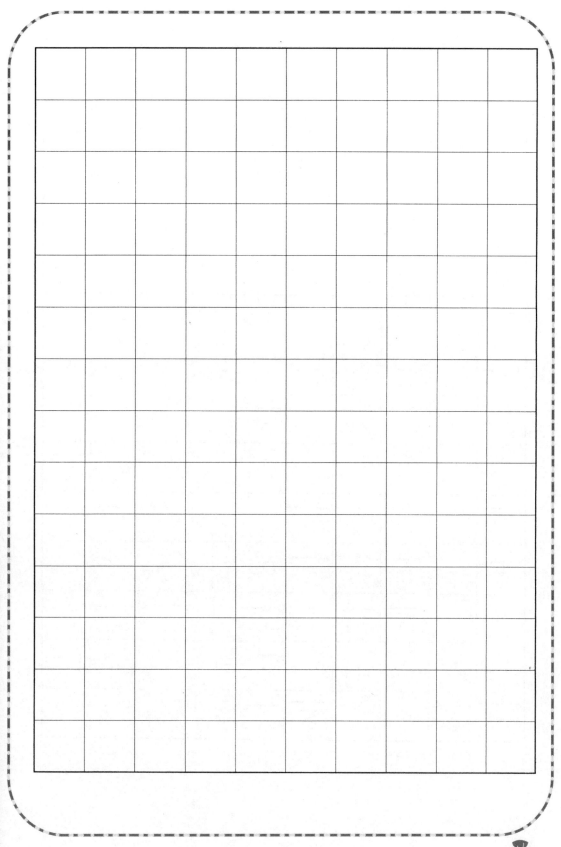

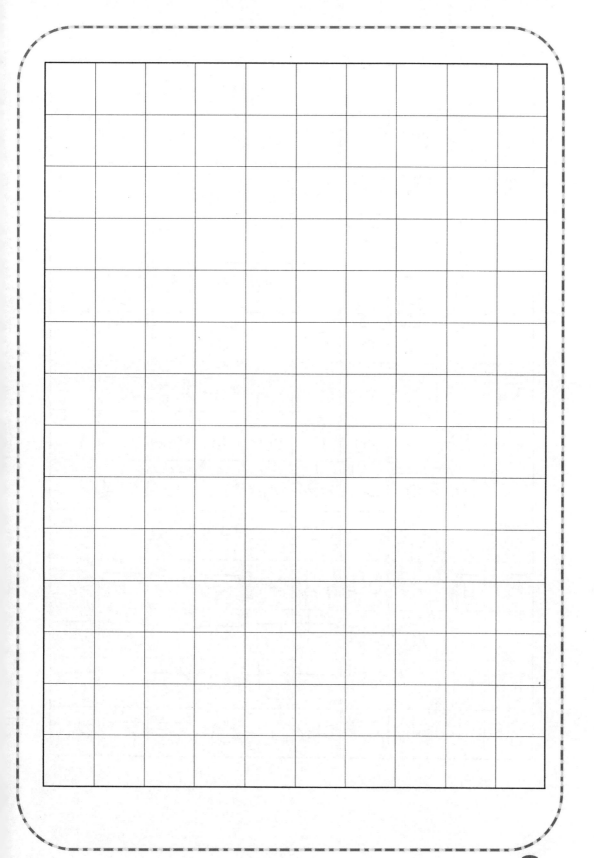

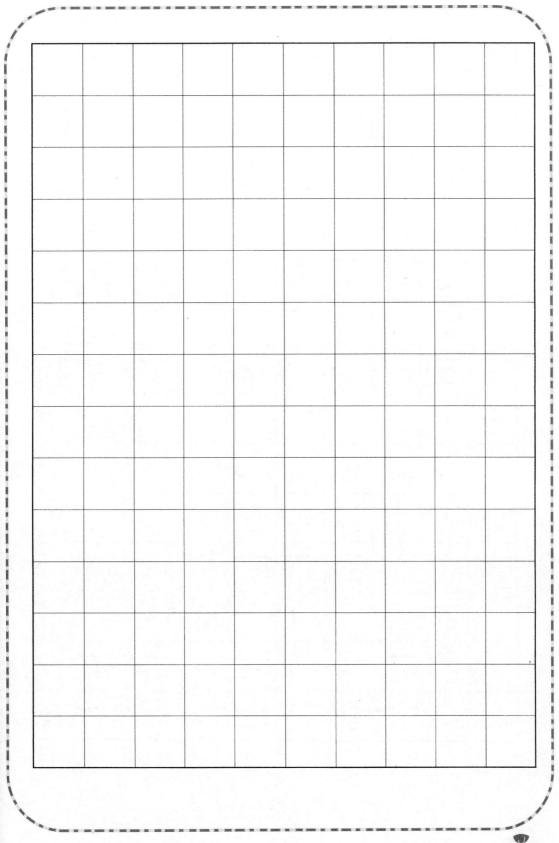

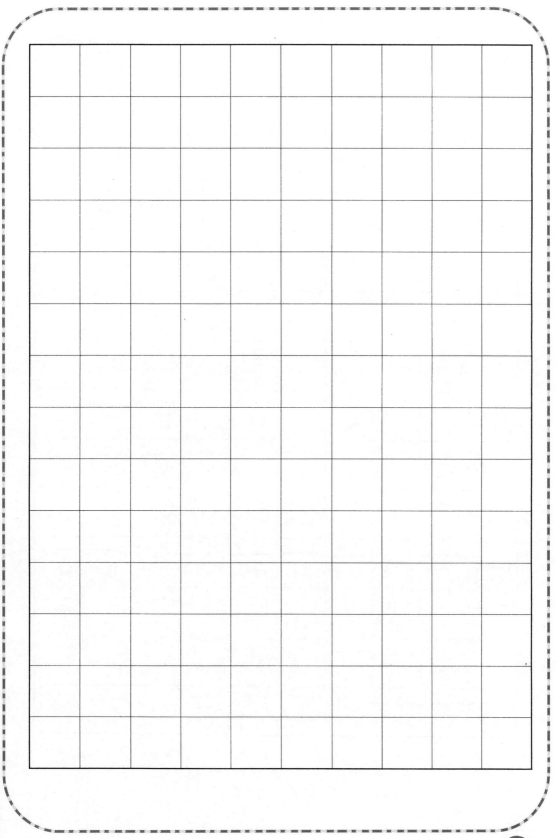

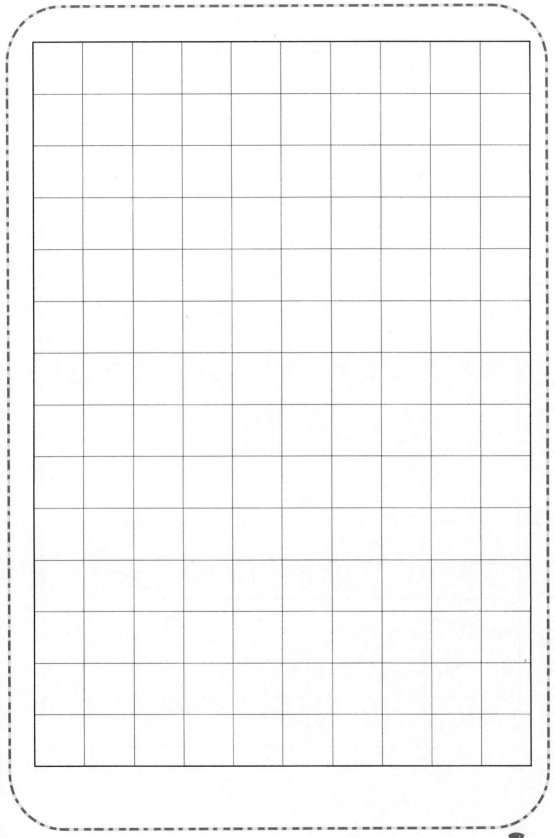

10월 29일 토요일

대청소

대청소를 했다. 안방, 마루, 내 방을 쓸고 닦았다. 아주머니께서 "자세가 아주 잘 나오네. 정말 훌륭한데……." 라고 하셨다.

나는 마치 엄마가 된 기분이었다. 잘했다고 칭찬을 들으니까 또 하고 싶은 생각이 들었다.

내가 닦은 마루는 유리창같이 반짝거린다. 내 얼굴도 어른거린다. 마음도 깨끗해졌다.

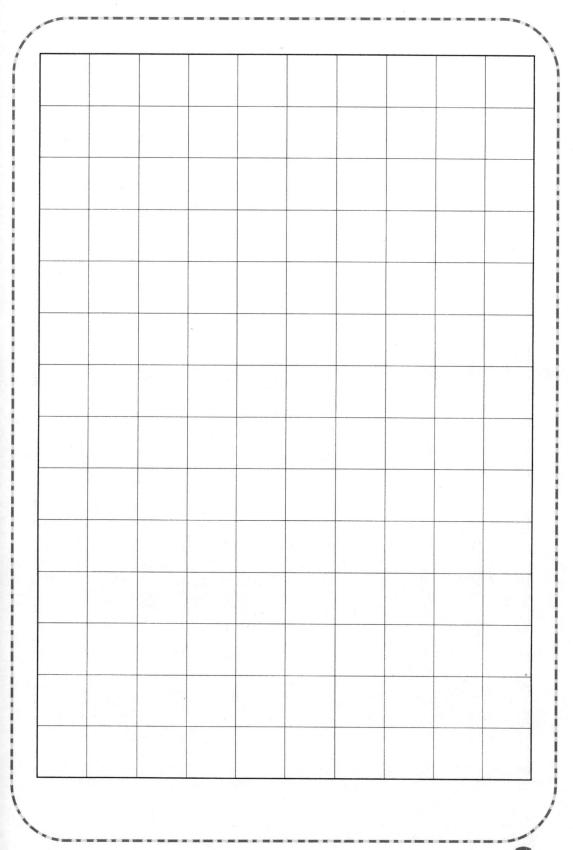

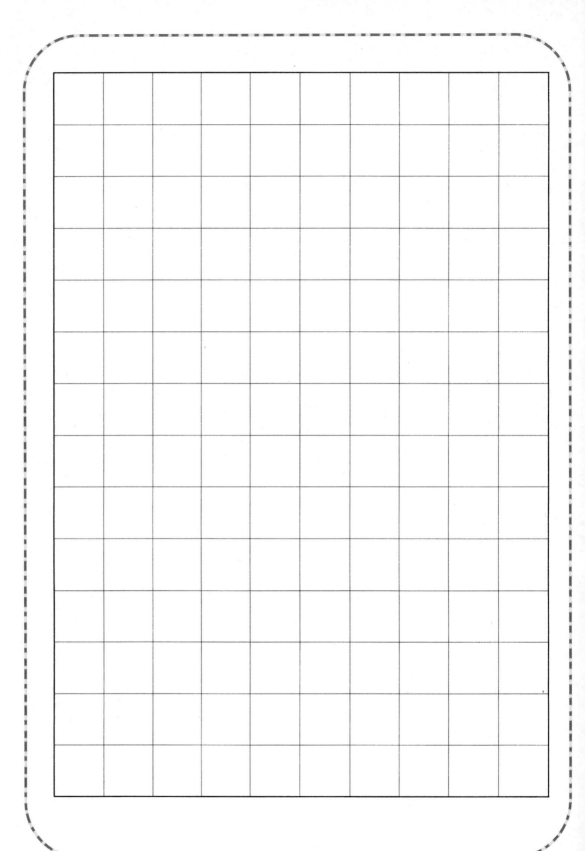

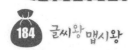

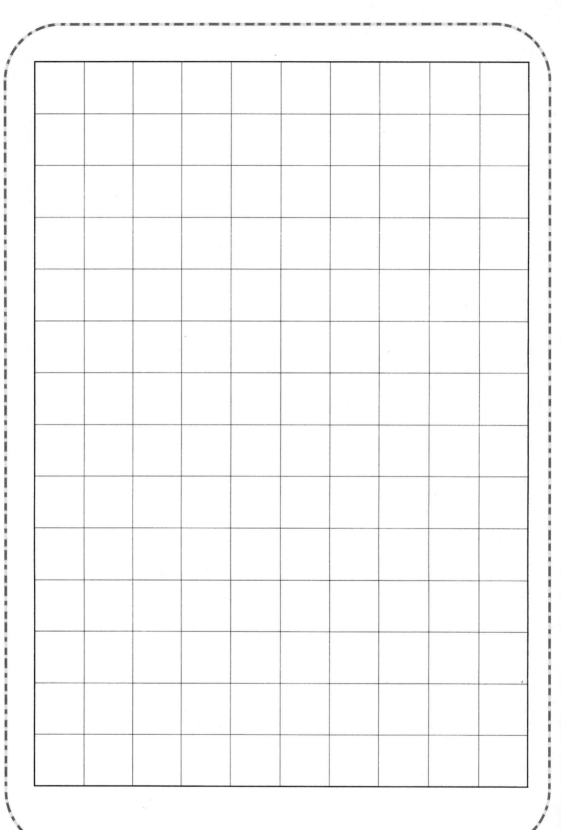

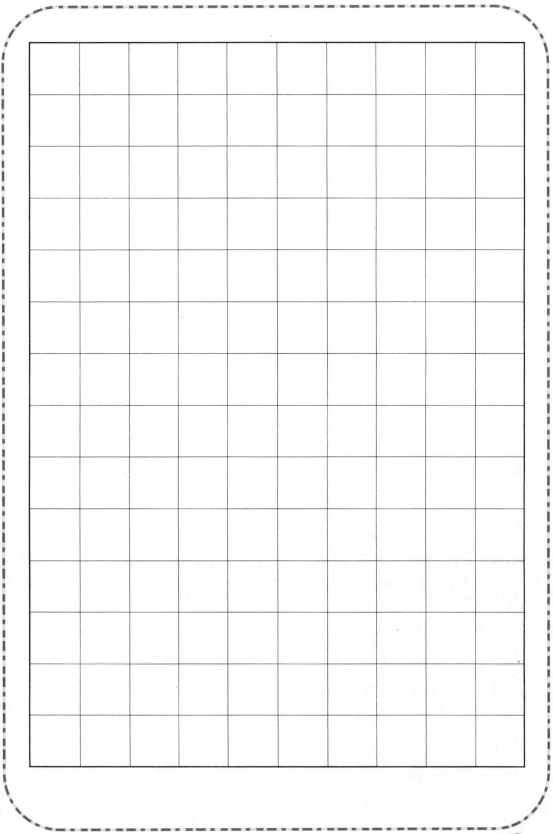

워크북

글씨왕 맵시왕

초판 1쇄 2013년 5월 31일

●

지은이 - 이향숙
펴낸이 - 채주희
펴낸곳 - 해피 & 북스

●

서울시 마포구 신수동 448-6
출판등록 - 제10-1562호(1985. 10. 29)

●

TEL - (02)323-4060, 6401-7004
FAX - (02)323-6416
e-mail - elman1985@hanmail.net

●

값 6,800원

잘못된 책은 바꾸어 드립니다.

값 6,800원

9 788955 154832

93370

ISBN 978-89-5515-483-2